1

Giacomo Sanesi

FAVOLE
PER LA
RESISTENZA
Favole come lotta,
favole come rivoluzione.

A Eleonora

«Ma l'ideale educativo dell'ufficio personale di una grande azienda, privata o pubblica, non è necessariamente il migliore degli ideali educativi. Un uomo completo è un'altra cosa.

Le fiabe [...] appartengono alla vita dell'uomo libero, dell'uomo completo. Possono perfino rappresentare una sua difesa contro la totale resa in schiavitù.

Le fiabe, per un singolare rovesciamento della loro posizione nella storia umana, hanno oggi più a che fare con la dimensione dell'utopia che con quella della nostalgia del passato. Sono alleate dell'utopia, non della conservazione. E perciò, oltre che per tutte le ragioni che abbiamo elencate, noi le difendiamo perché crediamo nel valore educativo dell'utopia, passaggio obbligato dall'accettazione passiva del mondo alla capacità di criticarlo, all'impegno per trasformarlo».

Gianni Rodari, 1968

Introduzione

C'era una volta, in un piccolo paese della Patagonia, una bambina di nome Jazmin. Era allegra, le piaceva andare a scuola, studiare, ma soprattutto giocare con le sue cugine e le sue amiche.

Jazmin cercava sempre di convincere la nonna Susana a camminare un po' per andare a casa della zia Veronica. Le piaceva stare in compagnia della zia, le piaceva giocare col cane Pancho, ma soprattutto aspettava ogni giorno che la zia accendesse il computer per parlare con lo zio Giacomo, che era dall'altra parte del mondo a causa del suo lavoro.

Aspettava con pazienza che lo zio Giacomo salutasse il cane Pancho, che dicesse frasi dolci alla zia e che raccontasse a tutti i presenti la sua giornata di lavoro. Poi però Jazmin prendeva il computer e correva sul divano. Metteva il computer sopra un cuscino e si accomodava.

«Zio Giacomo! Mi racconti una favola? Me lo hai promesso, una al giorno».

«Va bene Jazmin, ma solo se hai fatto la brava a scuola, non hai litigato con nessuno e hai già fatto tutti i compiti per domani».

«Sì, zio, già li ho fatti tutti».

Lo zio Giacomo sapeva che non sempre la nipotina li aveva fatti, però la favola gliela raccontava lo stesso perché sapeva che poi Jazmin era felice e aveva più voglia di fare i compiti con la zia Veronica.

Lo zio Giacomo raccontava le favole anche per se stesso. Così terminava la sua giornata di lavoro, e la sera si rilassava pensando alla favola che aveva raccontato e dormiva sereno.

«Va bene, Jazmin, mettiti comoda che lo zio ti racconta la favola di oggi...»

Siete fortunati, cari miei lettori, visto che questo libro contiene appunto molte delle storie che lo zio Giacomo ha raccontato alla sua nipotina Jazmin tutte le volte che era dall'altra parte del mondo per lavoro. Spero vi piacciano.

Il bambino di ferro (I)

C'era una volta Giulio, un bambino di ferro che era sempre solo. Un giorno prese il suo pallone e si decise a lasciare la casa per girare il mondo in cerca di altri bambini con cui giocare. Gira e rigira, ma non incontra mai nessuno. Villaggi vuoti, strade vuote, piscine vuote.

Un giorno pieno di sole, Giulio il bambino di ferro vide in lontananza due bambini che gli venivano incontro. Tutto contento cominciò a correre verso di loro, producendo un clangore rumorosissimo, visto che era un bambino di ferro. Una volta raggiunti i due bambini, Giulio il bambino di ferro smise di correre, riprese il fiato e si presentò.

«Ciao, mi chiamo Giulio. Sono un bambino di ferro».

«Ciao Giulio, io mi chiamo Luigi e sono un bambino di carta. Sono talmente leggero che i miei genitori durante i giorni ventosi non mi fanno uscire di casa».

«Ciao Giulio, io mi chiamo Giovanni e sono un bambino di vetro. Sono talmente fragile che i miei genitori non vogliono che giochi al pallone».

Giulio il bambino di ferro ci pensò un po' su e all'improvviso inspirò quanta aria possibile e soffiò con tutte le sue forze verso Luigi, il bambino di carta. Luigi, preso di sorpresa, volò via in alto nel cielo, fino a scomparire più su delle nuvole.

Giovanni il bambino di vetro rimase sorpreso e domandò a Giulio: «Perché l'hai fatto?».

«Non lo so» rispose Giulio il bambino di ferro e senza pensarci spinse a terra Giovanni il bambino di vetro che si frantumò in mille pezzi.

Giulio era rimasto da solo e non aveva più bambini con cui giocare.

Il signor Metafora

Il signor Metafora era una delle persone più importanti di Barcellona. Aveva un bel lavoro, aveva una bella famiglia, aveva dei bei figli.

Un giorno decise di comprarsi l'orologio più sgargiante e preciso del mondo, quindi lavorò due mesi interi giorno e notte per averlo.

Appena indossato questo orologio perfettissimo, brillantissimo e luminosissimo, il signor Metafora si sentì orgoglioso. Non passava giorno che non si recasse a passeggiare per le vie del centro di Barcellona. Passeggiava con un passo aristocratico, lentamente, portando le maniche della giacca un po' corte per far risaltare la presenza di questo orologio perfettissimo, brillantissimo e luminosissimo.

Un giorno un passante rimase talmente sbalordito dal luccichio dell'orologio del signor Metafora che lo fermò: «Che bellissimo orologio che possiede, signor Metafora! È anche preciso?».

Il signor Metafora si fermò, inspirò tutta l'aria possibile, gonfiò il petto, schiarì la voce e disse: «Questo orologio è perfetto: spacca il minuto!».

NEEEENOOOONEEEENOOOONEEEENOOOO

In un battibaleno arrivò sul luogo a tutta velocità una macchina della polizia. Due agenti scesero dall'auto, si avvicinarono al signor Metafora e dissero all'unisono: «Va bene avere orologi importanti, ma addirittura che spacchino i minuti! Basta con questa violenza verso i poveri minuti che fanno solamente il loro lavoro». E così dicendo i due poliziotti presero l'orologio brillantissimo, luminosissimo e perfettissimo del signor Metafora e lo requisirono in nome della legge.

I due agenti se ne andarono e il signor Metafora imparò la lezione: inutile lavorare due mesi per qualcosa che in un secondo capisci essere inutile.

Da quel giorno il signor Metafora non porta più l'orologio e se vuole sapere l'ora per non far tardi al lavoro la chiede alla gente che incontra per strada.[1]

---

1 Giuro di aver scritto la favola del signor Metafora un mese e mezzo prima di leggere la pagina 147 del libro Scuola Di Fantasia di Gianni Rodari, dove si fa riferimento a un orologio che spacca il minuto.

Contro il grigio

DRIIIIIIIIIIN

Un'altra giornata inizia per il giovane Mino, studente di belle speranze che vive nella capitale della Lamponia.

DRIIIIIIIIIIN

Con molta fatica Mino spegne la sveglia e si siede sul letto. Molto lentamente si stiracchia e scioglie il collo.

Sotto la sua finestra sfreccia un'ambulanza che corre a tutta velocità esibendo una certa esuberanza nel far ascoltare a tutti la sua sirena.

Erano oramai vari mesi che le ambulanze sfrecciavano a tutta velocità. Ormai Mino stava per farci l'abitudine.

Alla radio cominciano a fare un discorso che a Mino non piace per niente. Le trasmissioni sarebbero state sospese fino a data da destinarsi a causa di non si sa quali problemi tecnici. Le voci su una possibile chiusura del canale radio si erano fatte insistenti durante l'ultima settimana. Sembra che al governo non democraticamente eletto non piacesse la musica e nemmeno i musicisti.

Mino non è felice, ricorda ancora molto bene quando la radio qualche mese fa lo svegliava con le splendide melodie di Francesco Zappa. Sembrano lontani ricordi.

Mino scende a fare colazione. Una colazione grigia, come le

facce dei suoi genitori e del suo fratellone. Una volta si rideva e si scherzava a tavola, ma era l'epoca nella quale il latte non era così difficile da trovare e i biscotti abbondavano.

Mino si prepara per andare all'università e sale sulla sua bici. Una bici verniciata di grigio, anche se Mino la ricorda completamente gialla, prima che il governo decidesse di cambiare forzatamente il colore a tutte le biciclette. Come grigio era il suo vestito buono ed il cielo. Un cielo troppo pieno di nuvole per far passare il sole.

Mino passeggia lentamente con la bicicletta lungo una grigia strada asfaltata e vede la gente intorno a lui sopravvivere grigiamente alla giornata. Una volta per strada c'erano i bambini che giocavano, ma da quando i telegiornali descrivevano le malefatte del popolo di Arándano, i genitori non si fidavano a lasciare i loro bambini per strada e all'aperto; quindi la strada era stata invasa da macchine, tutte ovviamente grigie.

Ma Mino no. A Mino non dispiace il grigio, ma lo mette al pari di tutti gli altri colori. Cosa è un grigio senza un celeste, cosa è un nero senza un bianco, cosa è un rosso senza un giallo, cosa è un verde senza un blu. Niente. Non sono niente i colori da soli...

Mino portava, sotto il suo giubbino grigio e sotto la camicia grigia, una piccola fascetta rossa, di quelle che erano state proibite tre anni prima perché davano troppo nell'occhio.

Era il suo segreto. Neppure sua madre lo sapeva, anche perché si rischiava grosso a essere scoperti. Rischiava il possessore della stoffa colorata e i complici che non lo avevano denunciato.

Mino arriva all'università, ma la trova chiusa. Le lezioni sono state sospese. Non era più il tempo del giocare, non era più il tempo dello studiare, non era più il tempo del pensare. Era il tempo del fare, dell'agire!

Molti studenti erano visibilmente felici per l'accaduto. Basta studiare, evviva la libertà! Mino pensava che in un periodo così grigio la libertà consisteva proprio nel poter studiare.

Mino fa finta di tornare indietro, gira l'angolo e si traveste da gatto. Un gatto grigio ovviamente. Travestimento perfettamente riuscito che gli permette di entrare all'università. Un'università vuota e grigia, con tutte le porte e le finestre sbarrate.

A causa del caldo, Mino è costretto a togliersi il costume da gatto grigio e proprio in quel momento viene raggiunto da due gendarmi. Grigi in volto.

È portato subito alla prima stazione di polizia per essere interrogato. Cosa ci faceva un individuo dentro un luogo chiuso per decreto, vestito da gatto, ma soprattutto con una fascetta rossa legata al polso? Una spia? Un sobillatore? Un infiltrato dei servizi segreti di Arándano?

Il colonnello Bigi lo interroga, ma da Mino ottiene solo risposte inutili: la verità. Si era stufato di essere grigio, di non poter più ascoltare musica, di non poter più giocare con gli amici, di non poter più studiare. Ma proprio in quel momento Mino imparò che quello che più gli mancava era dire la verità.

Non sia mai che questa cosa si venga a sapere! Sacrilegio! Il colonnello Bigi cerca subito di far abiurare il nostro Mino. «Rimangiati quello che hai detto, ragazzuolo. O non potrò salvarti».

«Signore. Non posso rimangiarmi quello che ho detto. È quello che penso. E oltretutto penso di essere nel giusto».

«Peccato...», rispose il colonnello Bigi. «Al patibolo!» gridò, rivolgendosi ai due grigi gendarmi.

Mino viene fatto camminare lungo le grigie vie piene di macchine della città. Molta gente lo segue e per questo si viene a creare un fiume di grigio che converge verso la piazza principale.

La grigia Madama Ghigliottina è lì che aspetta soltanto di tornare protagonista.

Il prigioniero sale le scale, cammina ancora qualche passo e si ferma. Mino guarda la ghigliottina per alcuni secondi, poi si gira verso il grigio pubblico e grida: «Viva il giallo, viva il bianco, viva il verde, viva il celeste, viva il blu, viva il viola, viva il nero, viva l'arancio, viva il fucsia, viva il rosso! Viva tutti i colori!».

Tra le persone del pubblico in molti si misero a piangere, ma nessuno mosse un dito e disse una parola per quello che era il discorso più rivoluzionario degli ultimi due anni.

DRIIIIIIIIIIN

Un'altra giornata inizia per il giovane Mino, studente di belle speranze che vive nella capitale della Lamponia.

DRIIIIIIIIIIN

Con molta fatica Mino spegne la sveglia e si siede sul letto. Molto lentamente si stiracchia e scioglie il collo.

Sotto la sua finestra sfreccia un'ambulanza che corre a tutta velocità esibendo una certa esuberanza nel far ascoltare a tutti la sua sirena.

A misurare gli alberi

C'erano una volta, in un paese molto lontano di nome Tupiza, due fratelli: Mattia e Matteo.
Mattia e Matteo avevano la stessa età ed erano cresciuti insieme: stessa scuola, stessi insegnanti, stessi genitori, stessi vestiti, stessi giochi. Solo che un giorno successe qualcosa che portò a dividerli. Una bestia entrò nella loro vita, una bestia che non bisogna cibare, che tanto cresce da sola: l'invidia.
Mattia e Matteo adesso non si volevano più bene, per non si sa quale specifico motivo.
Un giorno Mattia decise di percorrere il sentiero ciottolato che partiva dalla parte ovest del paese di Tupiza e che tutti pensavano non portasse a nulla. Cammina cammina, passano i giorni, cammina cammina, passano le settimane, cammina cammina, passano i mesi, cammina cammina, passano gli anni.
Alla fine del sentiero Mattia incontrò un grande albero di pioppo. Mattia si arrotolò le maniche della camicia, salì sull'albero e arrivò fino in cima per misurarlo: dieci metri.
Tutto contento per la scoperta, Mattia tornò indietro: passano giorni, settimane, mesi e anni, prima di arrivare al paese di Tupiza. Al suo ritorno una gran festa! Tutti gli portarono doni in cambio del racconto della sua impresa. Tutti gli volevano bene.
Quasi tutti gli volevano bene: Matteo era rimasto con la bestia chiamata invidia che, giorno dopo giorno, anno dopo anno, era cresciuta a dismisura.

«Ecco, è deciso», pensò Matteo, «non posso rimanermene con le mani in mano. Devo verificare se quella di Mattia è una storia vera oppure inventata».

Il mattino seguente, Matteo decise di percorrere il sentiero ciottolato che partiva dalla parte ovest del paese di Tupiza e che Mattia aveva detto di aver percorso fino alla fine. Cammina cammina, passano i giorni, cammina cammina, passano le settimane, cammina cammina, passano i mesi, cammina cammina, passano gli anni.

Alla fine del sentiero Matteo incontrò il grande albero di pioppo che aveva descritto Mattia. Matteo si arrotolò le maniche della camicia, salì sull'albero e arrivò fino in cima per misurarlo: quindici metri.

Tutto contento per avere la possibilità di smentire il fratello, Matteo tornò indietro: passano giorni, settimane, mesi e anni, prima di arrivare al paese di Tupiza. Al suo ritorno un'altra grande festa! Tutti portarono doni a Matteo questa volta, che raccontava l'impresa e dava del bugiardo a Mattia.

Proprio quella sera ci fu nel paese il più grande litigio che gli abitanti ricordino: Mattia diede del bugiardo a Matteo e Matteo diede del bugiardo a Mattia. Non tutti gli volevano bene.

Il giorno dopo Matteo e Mattia si alzarono presto, si guardarono, si vestirono e partirono per il sentiero ciottolato che partiva dalla parte ovest del paese di Tupiza. Cammina cammina, passano i giorni, cammina cammina, passano le settimane, cammina cammina, passano i mesi, cammina cammina, passano gli anni. In tutto quel tempo non si scambiarono una parola. Ogni tanto si guardavano negli occhi e aggrottavano le sopracciglia come per dire "vedrai che sorpresa troverai alla fine del sentiero!".

Alla fine del sentiero Matteo e Mattia incontrano il grande albero di pioppo che se ne stava lì come se non gliene importasse niente della disputa tra i due fratelli. Matteo e Mattia si arrotolarono le maniche della camicia, salirono insieme sull'albero e arrivarono fino in cima per misurarlo: venti metri.

Matteo e Mattia ridiscesero dall'albero, si guardarono e si scoprirono vecchi.

Beh!

«Zio, zio, zio, zio, zio!», urlò Jazmin.

«Dimmi, Jazmin!», disse lo zio Giacomo.

«Saluta in fretta la zia Veronica e raccontami la storia, ché poi devo andare a fare i compiti con Isabella!», ordinò Jazmin.

«Va bene, Jazmin, ma si dice sempre "per favore" prima di chiedere qualcosa», la ammonì lo zio.

«Per favore, zio, mi racconti una favola?», chiese con energia Jazmin.

«Certo, Jazmin», rispose sorridendo lo zio. «Questa favola me l'ha raccontata la mia amichetta Lauretta».

Elio viveva a Rosit, la capitale della Svidania. Era una buona persona, ma spesso si faceva sopraffare dagli avvenimenti attorno a lui. Come quella volta che il nuovo sindaco decise di raddoppiare le tasse e ci furono grandi proteste. Per tornare a pagarle normalmente, ogni cittadino doveva inoltrare una pratica all'ufficio numero tre, e così fecero tutti meno Elio. Quando chi lo conosceva gli chiese spiegazioni, lui rispose con un perentorio «Beh, mi adeguo!».

E da quel giorno quella fu la risposta preferita di Elio.

Tutte le tasse raddoppiarono? «Beh, mi adeguo!».

La valuta svalutata di oltre il 40%? «Beh, mi adeguo!».

Centocinquantamila licenziamenti solo perché il governo aveva deciso che era giusto così? «Beh, mi adeguo!».

Non si poteva più mangiare la carne perché bisognava

esportarla perché era un lusso? «Beh, mi adeguo!».
Via i sussidi sulle bollette e sui biglietti dei trasporti? «Beh, mi adeguo!».
Era sconsigliato a tutti dichiararsi antifascisti perché a qualcuno poteva dare fastidio? «Beh, mi adeguo!».

«Zio, ma perché Elio si adeguava? Non poteva provare a cambiare un po' le cose?», chiese Jazmin.
«Eh, Jazmin. Molte persone si adeguano alle situazioni anche se cambiarle costa poca fatica. Lo scoprirai piano piano quando crescerai e spero tu possa trovare il modo di superare questo problema, ma sappi che molte persone sono le prime a rinunciare a cambiare le cose e ad adeguarsi, anche quando gli altri non le costringono», rispose lo zio Giacomo.

Dopo alcuni anni, arriva in visita ufficiale sul pianeta Terra l'ambasciatore Grorf del pianeta Grirf, insieme alla moglie e al suo seguito.
Era il primo incontro con gli abitanti del pianeta Grirf e i governanti della Terra ci tenevano a fare bella figura: dimostrare accoglienza e gentilezza con gli stranieri e gli sconosciuti è il primo passo per tenere buone relazioni.
Grorf e la moglie venivano portati in giro per il mondo a vedere tutte le cose belle che i terrestri avevano creato e, durante i giorni di visita, erano diventati talmente famosi e benvoluti che da un luogo a un altro erano accompagnati da cortei di persone e da una folla entusiasta e contenta.
Un giorno, mentre erano accompagnati da una parte all'altra da un corteo di gente, Grorf adocchiò a un lato di una piazza una cosa strana. Grorf era molto benvoluto dai terrestri perché non si soffermava a vedere le cose superficialmente, ma chiedeva anche spiegazioni sul perché e sul per come.

Grorf e la moglie fermarono il corteo e si avvicinarono al lato della piazza dove era posto un grande scatolone di cartone marroneòne. Grorf osservò meglio e vide che dentro c'era un uomo. Tutta la gente era stupita, non meno di Grorf! Dopo un attimo di smarrimento, Grorf l'ambasciatore del pianeta Grirf si presentò e domandò all'uomo cosa facesse dentro uno scatolone.

«Beh, mi adeguo!».

Il dottore matto

Giovanni era un dottore molto famoso e molto bravo.
Purtroppo fu inviato alla guerra e quando tornò non aveva tutte
le rotelle a posto. Era diventato un po' matto.
Se ne stava tutto il giorno sotto una tettoia in via di Pietralata,
seduto su una sedia dietro un tavolo. Sopra al tavolo c'erano
uno stetoscopio, un legnetto di quelli che si usano per vedere la
lingua e un libretto di ricette.
La gente che voleva bene a Giovanni provava un po' di pietà
per lui e per la sua nuova situazione, quindi usava la scusa del
farsi visitare per portargli da mangiare.
«Dottor Giovanni, mi potrebbe visitare? Non sono molto ricco,
la posso pagare con un panino».
Il dottor Giovanni si aggiustava bene gli occhiali sul naso, si
schiariva la voce e diceva: «Prego, si sieda su questa sedia».
«Dottore, dottore. È grave?».
«Eh, mio caro Amerigo. Lei ha la pillicusite!».
«Oh, mio dio, no! E mi dica, posso guarire?».
«Certamente» rispondeva il dottor Giovanni, mentre tornava
seduto dietro il tavolo e si metteva a scrivere sul suo ricettario.
«Per guarire dalla pillicusite bisogna dire 'buongiorno' a tutti
quelli che si incontrano per strada».
«Grazie mille, dottore», diceva il finto paziente mentre si
allontanava.
E così tante persone andavano a farsi visitare per vedere tutti i
nomi di malattie inesistenti che il dottor Giovanni riusciva a

inventare.

Macchiolite, genialite, bandierite, cordite, magliettite. E via il dottor Giovanni a scrivere le cure: «Devi sorridere di più», «Devi passare più tempo con tuo figlio», «Devi dire a tua mamma che le vuoi bene». La gente era felice e il dottor Giovanni soddisfatto del proprio lavoro.

Passarono gli anni e il dottor Giovanni si fece sempre più vecchio. Soffriva il caldo delle estati e il freddo degli inverni, ma era sempre lì, seduto su quella sedia dietro quel tavolo in via di Pietralata.

Quando, ormai anziano, il dottor Giovanni morì, fu un giorno triste. Tutti gli abitanti del quartiere vollero salutare il loro amico: tutti i negozi erano chiusi per lutto e tutte le persone entravano a casa sua per rendergli omaggio.

Un signore molto anziano si portò dietro il piccolo nipotino. «Nonno, nonno. Chi era questo signor Giovanni? Perché tutti gli volevano bene?».

E il nonno, un po' commosso, gli rispose: «Era il dottore più bravo del mondo. Non curava il fisico delle persone, ma la loro anima».

Kanamurdi

«Zio Giacomo! Oggi sono felicissima! Siamo andati in gita a vedere la caserma dove a Cipolletti è rimasto una notte Ernesto Guevara», disse Jazmin.

«Molto bene», rispose lo zio. «Questa favola è nuova nuova e me l'ha raccontata Michela, la mia amica che ogni tanto sta qua e ogni tanto va là».

Sardonico era un uomo di mezz'età che viveva a Spello. Aveva ormai raggiunto il benessere economico e, visto che non aveva avuto nella sua vita l'opportunità di trovare moglie e crescere dei figli, decise di partire. Intraprendere un viaggio è sempre un'impresa per chi è abituato a rimanere a casa fra le sue quattro mura. Sardonico, però, decise di non fare le cose tanto per farle e quindi si studiò un bellissimo itinerario: avrebbe fatto un pellegrinaggio a piedi e avrebbe camminato fino al luogo dove era nato il profeta Kanamurdi, il creatore del murdianesimo, una famosissima religione molto in voga nell'ultimo periodo.

Nei due mesi precedenti l'inizio del pellegrinaggio, Sardonico studiò su internet e sui libri la strada da percorrere. Ci avrebbe impiegato tre mesi completi: doveva risalire tutta l'Italia, attraversare a est la Slovenia e poi a nord, a est, a sud, ancora a sud, a ovest, attraversare il mare, a sud ancora e infine a est fino alla città di Víntia, nelle remote terre del Kurumistán.

Fu un pellegrinaggio con molte sorprese e molti problemi, ma

27

Sardonico non si perse d'animo e superò tutte le difficoltà. Dopo tre mesi, esattamente come aveva previsto, Sardonico arrivò davanti al portone della casa dove era nato il profeta Kanamurdi. Sardonico provò e riprovò, però non riuscì a entrare: la porta era chiusa a chiave. Sardonico non si perse d'animo e quindi spostò una pietra piuttosto pesante per arrivare all'altezza giusta e guardare attraverso i vetri delle finestre. Mentre era intento a cercare una qualche forma di vita all'interno della casa, arrivò un uomo grande e alto, vestito con una tunica nera bordata d'oro e completamente rasato in testa.

Sardonico interruppe la sua ricerca e domandò a questo inquietante uomo: «Mi scusi, come mai non è possibile entrare?».

«Perché questo è il luogo dove è nato Kanamurdi!», rispose l'inquietante uomo.

«Ok, questo lo so. Sono venuto in pellegrinaggio da molto lontano per poter entrare in questa casa. Ma come mai non è possibile entrare?», domandò Sardonico.

«Perché bisogna preservare questo luogo da sciocchi avventori», rispose l'inquietante uomo.

«Scusa se te lo domando: ma tu chi sei per dirmi queste cose?», chiese un po' stizzito Sardonico.

«Io sono Kamill, il grande sacerdote del murdianesimo, e proteggo questo luogo».

«Ma Kanamurdi non aveva detto che tutti gli uomini sono liberi di andare dove vogliono sulla Terra perché i confini sono cose terrene? E non aveva anche detto che dallo spazio le nazioni e i continenti non si vedono divisi da sottili linee?».

«Bisogna comunque preservare questo luogo», rispose senza titubare Kamill.

Sardonico non rimase molto soddisfatto per la risposta, ma aveva ormai capito che raccontare e usare come scusa i suoi tre mesi di viaggio non gli avrebbero comunque fatto aprire le porte della casa dove era nato Kanamurdi. Sardonico si guardò attorno un po' perso dalla delusione, quando il suo sguardo si soffermò su un manifesto attaccato ad un muro. Non poteva credere a ciò che aveva appena visto: un invito ad arruolarsi nell'esercito di pace e liberazione murdiano.

Sardonico tornò da Kamill protestando: «Ma che cosa vuol dire questo? Kanamurdi era a favore della pace. Diceva che senza la pace non può esserci la vita!».

«Per avere la pace bisogna avere dei confini forti: per questo qualche guerra è necessaria», rispose Kamill in tranquillità, passandosi una mano sulla testa rasata.

«Non ci posso credere! Kanamurdi non avrebbe mai approvato! E perché nelle foto dei manifesti l'esercito murdiano è tutto completamente rasato?».

«Perché Kanamurdi era calvo», rispose Kamill.

«Ma Kanamurdi non scrisse mai di doversi rasare la testa!», obiettò Sardonico.

«Lo facciamo per rispetto».

«E perché i nemici nei manifesti hanno tutti il codino?», domandò curioso Sardonico.

«Hai visto che brutti?», rispose quasi schifato Kamill.

«Ma Kanamurdi non faceva queste differenze. Diceva che siamo tutti fratelli, che l'energia che sorregge l'umanità è l'amore per il prossimo!».

«Io ti capisco, ma loro non vogliono rasarsi la testa...», borbottò Kamill.

«Però questa non è una fede per arrivare ad una liberazione. È una fede triste, piena di precetti. Comandi e divieti che ci impediscono di raggiungere la totale felicità».

«Kanamurdi non ti avrebbe mai permesso di dire queste parole! Via da qui!», urlò Kamill.

Sardonico vide che la situazione di stallo era impossibile da risolvere e decise di tornarsene a casa sua, in quel di Spello. Ma questa volta il viaggio lo fece in aereo.

«Zio. Io non l'ho capita la morale di questa favola», disse Jazmin.

«La morale è che è sbagliato quando la fede in qualcosa o in qualcuno diventa una religione, quando le idee diventano dei dogmi», rispose soddisfatto lo zio Giacomo.

«Zio, che vuol dire dogma?».

«Eh, Jazmin. Difficile da spiegare. Diciamo che un dogma è un'idea che non è possibile cambiare più», rispose tristemente lo zio Giacomo.

«Zio. Questa volta la favola non l'ho proprio capita».

Nemmeno una in meno

Alfonsina era una cucciola di casuario che viveva alle Molucche. Il casuario è un'animale che assomiglia a uno struzzo, però è un po' più bello: in testa porta sempre un elmetto d'osso e dal collo gli pendono delle appendici chiamate caruncole. Di solito sono colorate di blu e rosso, ma il colore varia a seconda dell'età.

Alfonsina era un casuario come tutti gli altri. Aveva anche le zampe grosse ricoperte con pelle squamosa. E aveva uno sperone simile a quello dei galli.

Alfonsina era felice e passava le giornate correndo e divertendosi nelle immense foreste tropicali che erano il suo habitat naturale. Crebbe forte e vigorosa e insieme agli altri casuari andava a scuola. Poi crebbe e andò anche all'università dove conobbe Malaku. Avevano le stesse idee, avevano gli stessi interessi e in poco tempo decisero di fare il nido insieme. Nelle foto che i turisti gli scattavano erano sempre sorridenti e si riconoscevano solo per la differenza delle piume: filamenti ruvidi simili a peli neri per lui e bruni per lei.

Durante il periodo del corteggiamento, Malaku e Alfonsina nuotavano felici mangiando pesce a volontà e, quando si stancavano di stare nell'acqua, ne uscivano per raccogliere semi, pianticelle e per mangiare dei piccoli animali.

Venne luglio e Alfonsina covò tre uova color verde pallido in una parte ben protetta del sottobosco, ai piedi di un albero resistente.

Malaku rimase presso il nido per tutto il tempo della schiusa. Era lui che covava le uova e fu lui che si prese cura dei suoi cuccioli. Alfonsina invece tornava alla vita dopo aver avuto mesi difficili e aver perso molto peso. Si pettinava sempre le piume prima di uscire e sorrideva a tutti perché era felice.

A Malaku non piaceva che Alfonsina avesse ripreso a correre per la foresta tropicale come le piaceva fare da giovane. Ogni volta che Alfonsina tornava al nido, Malaku la trattava a male parole e diceva che era una scostumata. Le urlava che non si lascia così la famiglia e infine la graffiava con lo sperone per farle capire che diceva sul serio.

La mamma e le amiche di Alfonsina glielo dicevano sempre: «Lascialo, per favore. Se ti picchia, vuol dire che non ti vuole bene». Ma Alfonsina rispondeva che quello era solo un momento di tensione, che lei e Malaku si volevano bene e dovevano continuare a volersene per i loro cuccioli. «Non ti preoccupare mamma, che Malaku sa quello che fa e magari ha ragione lui. Magari sono io che non dovrei correre così felicemente nella foresta tropicale», si giustificava.

Ma tutti avevano notato che ormai Alfonsina non sorrideva più e che le ferite causate dallo sperone di Malaku si rimarginavano sempre con più difficoltà. Alfonsina aveva paura anche della sua ombra e ne aveva ben ragione! Non passava giorno che Malaku non la picchiasse e non la ferisse, umiliandola non solo fisicamente, ma anche usando parole pesanti e definitive.

Un giorno Alfonsina si decise a parlare con Malaku e a dirgli che non sopportava più le violenze e i soprusi. Aspettò che rientrasse nella tana quella sera per dirgli come stavano le cose e per minacciarlo di tornare alla tana della mamma, ma non ce ne fu il tempo. Malaku, preso da uno scatto d'ira per non aver trovato la cena pronta a casa, la colpì più e più volte al volto col suo sperone e la lasciò in fin di vita stesa al suolo.

«Zio! Ma che favola triste! Ma perché Alfonsina sopportava tutte queste violenze? Perché non se ne è andata dalla tana la

prima volta che Malaku gli aveva menato?», chiese un po'
interdetta Jazmin.

«Jazmin. Tu sei fortunata perché la mamma e la zia Veronica ti
hanno insegnato sin da piccola che se un compagno ti picchia
vuol dire che non ti vuole bene. Però ti dico che molte donne e
molte animalette, anche adulte, pensano che sia una cosa
culturale, da sopportare. E la accettano. E la scusano. E lo
pensano fino all'ultimo giorno che, purtroppo per loro, arriva
sempre prima degli altri».

A risolvere i problemi

La Crapulonia era un paese in crisi da anni. I suoi abitanti avevano vissuto troppo al di sopra delle proprie possibilità e la classe politica eletta era lo specchio della società. Ruberie e clientelismo erano all'ordine del giorno, ma al popolo non importava molto. Il paradosso del "lavorare per comprarsi una macchina per andare a lavorare" aveva ormai preso piede e ognuno guardava soltanto il proprio senza far caso al bene comune. L'altissimo indice di disoccupazione, la crisi economica e il debito pubblico alle stelle erano quindi soltanto le conseguenze di questo comportamento generale.

Il cancelliere Sindelar dello stato di Bandana un giorno si arrabbiò: se la Crapulonia voleva rimanere nell'Unione degli Stati doveva dimostrare di meritarselo e mettere in atto quelle che da alcune parti chiamano "riforme fondamentali per poter rimanere competitivi" e in altre "manovre correttive".[2] La gente non voleva queste cose e si mise a cercare soluzioni alternative. Il famoso politico Ismaele Careta, che in venti anni di onorata carriera aveva concluso ben poco ma che era tenuto molto in considerazione per le sue azioni rocambolesche e le sue felpe variopinte, convocò una conferenza stampa per il mattino seguente. La sera, tutte le televisioni si chiedevano cosa avrebbe detto l'indomani, ma Ismaele Careta seppe tenere il segreto per la diretta televisiva del giorno dopo.

Sommerso da un mare di flash e con almeno dieci microfoni sul tavolo, Ismaele Careta disse che aveva lui la soluzione al

---

2

"Ajuste", nella versione originale.

problema ed era tutta in uno scatolone di cartone tra le sue mani.

«Osservate bene il nuovo ministro dell'economia! Colui che ci salverà dalla crisi! Colui che rappresenta la soluzione a tutti i nostri problemi!», e così dicendo estrasse dallo scatolone un micio biondo. I primi borbottii furono coperti dagli "ooooh" di stupore e i fotografi in prima fila fecero il loro dovere riempiendo di flash la stanza.

«Questo è Gatto, il nuovo ministro dell'economia. Guardatene l'eleganza magnetica! Osservatene il pelo meravigliosamente setoso! È in definitiva ciò di cui abbiamo bisogno: dolce come un micino e indipendente dai poteri forti come un felino».

Lo stupore lasciò posto all'entusiasmo. Su tutti i telegiornali della sera andò in onda la versione integrale della conferenza stampa di Ismaele Careta e tutti ne osannavano la scelta. L'adulazione per le qualità di Gatto era pari soltanto alla curiosità morbosa per la sua vita privata, la sua famiglia, le sue sei vite precedenti. Per giorni Gatto rimase in pianta stabile sulle prime pagine dei maggiori quotidiani e l'opinione pubblica era entusiasta per la scelta: Gatto aveva una personalità dolce e pucciosa, ma allo stesso tempo indipendente e ferma. Soltanto dei vecchi pensionati erano contrari alla scelta. Dicevano che non avevano cacciato i nazifascisti per lasciar deridere le istituzioni della riconquistata democrazia scegliendo un animale per rappresentarle. Ma erano una voce fuori dal coro, quasi afona.

Venne il giorno che Gatto dovette andare a parlare col cancelliere Sindelar alla conferenza dell'Unione degli Stati. L'incontrò cominciò in tarda mattinata e si protrasse per ben cinque ore. La suspance dei giornalisti e di tutti i cittadini della Crapulonia presenti in massa alla diretta televisiva era massima. La folla osservava l'imprescindibile evento dai maxischermi organizzati dall'associazione chiamata Il Popolo Di Gatto e i picchiatori di Casa Gatta erano pronti a sedare qualsiasi dissenso.

Quando Gatto uscì dalla porta, ci fu in tutto il paese un urlo di gioia e addirittura si verificarono numerosi svenimenti a causa della forte emozione!

«Grandissimo Gatto!».

«Graffiali tutti!».

«Fagliela vedere a quel puzzone di cancelliere!».

Ma il ministro Gatto non poteva sapere tutto ciò, perché era nella sala più importante del palazzo dell'Unione degli Stati pronto a parlare in mondovisione.

Tutti i giornalisti presenti alla conferenza stampa rivolgevano infinite domande al ministro Gatto sporgendo il proprio microfono oltre il cordone umano del servizio d'ordine.

«Ministro Gatto! Ci dica la soluzione per risolvere il problema della disoccupazione in Crapulonia!».

«Ministro Gatto! Il suo piano per rientrare dell'enorme debito pubblico è stato accettato dal cancelliere Sindelar?».

«Ministro Gatto! Ci dica come fa a mantenere il suo pelo così liscio e setoso!».

«Ministro Gatto! L'Unione degli Stati ci ha accordato il prestito ponte di billanta bilioni di billietti di zecchini?».

Il ministro Gatto ascoltò per qualche attimo le zilionate di domande che gli venivano fatte e con un gesto deciso ma straordinariamente aggraziato della zampetta, zittì tutti i presenti in sala. Si schiarì la voce, si avvicinò al microfono e disse in diretta mondiale: «MIAO!».

Gedeone

Gedeone era un signore alto che sin da piccolo aveva un solo problema: odiava la fatica. Un giorno ebbe una grande idea: avrebbe lavorato tantissimo per due o tre anni, ma poi sarebbe diventato ricco e avrebbe accumulato soldi sufficienti per pagarsi dei servi per tutta la vita.

Gedeone fece le selezioni e assunse ben cinquanta servi per occuparsi di lui e della sua villa. Ogni giorno il signor Gedeone veniva svegliato, portato al bagno, lavato, vestito. E poi ancora veniva trasportato su una lettiga nella sua grande cucina, dove, imboccato, faceva colazione. Dopo colazione era il momento di prendere un po' di aria fresca e di fare una passeggiata nel parco. Ma manco a dirlo, la passeggiata la facevano i sei uomini che trasportavano la sua lettiga. Il signor Gedeone si limitava a guardare il cielo e la natura con gli occhi. Anzi, con un solo occhio! Perché fare una fatica e tenere aperti entrambi gli occhi quando con metà dello sforzo se ne poteva tenere aperto solamente uno? Tanto il giro era sempre lo stesso perché il parco era sempre lo stesso!

Gedeone, così facendo, non sprecava nemmeno un granello di energia ed era contento. Però il tanto mangiare e il nullo camminare lo fecero diventare un grassone.

Dopo il pranzo il signor Gedeone passava in rassegna tutto il personale. I tre giardinieri, i due cuochi, i dodici trasportatori che facevano i turni, le rammendatrici. Tutti erano pagati il giusto ed erano contenti, anche se alcuni avevano già dimenticato che voce avesse il loro padrone, visto che erano mesi che non parlava. Costava troppa fatica, pensava il signor

Gedeone, e quindi il "molto bene" detto alla servitù diventò un segno con la mano e poi venne ridotto a un cenno col capo o a un breve tremolare di palpebre in segno di assenso.

Venne un venerdì e il signor Gedeone si svegliò nel letto. Non sapeva che ora fosse, di solito era svegliato alle 9:30, ma stavolta non c'era nessuno lì con lui. Uno sciopero totale dei mezzi di trasporto pubblico aveva tenuto lontani tutti i servi dalla sua magione.

Gedeone non sapeva cosa fare. Aveva fame e sete. Si decise allora ad andare in cucina ma cadde sul pavimento perché non si ricordava come si scendeva dal letto e non sapeva più come camminare. Ormai erano mesi che non camminava.

Ma il signor Gedeone non si perse d'animo: decise di strisciare fino alla cucina. In fin dei conti doveva percorrere soltanto un lungo corridoio. Strisciò fino alla porta della stanza, ma non sapeva come aprirla. Non riusciva ad alzare il braccio fino alla maniglia perché ormai erano mesi che non ne alzava uno.

Gedeone aveva fame e sete, e non riusciva a camminare e ad aprire la porta. Allora decise di provare a chiedere aiuto, magari qualcuno dei suoi servi era rimasto a dormire lì di nascosto! Gedeone decise le parole da usare, anche se questo gli costò parecchia fatica, inspirò tutta l'aria che poteva e aprì la bocca per urlare.

Ma non riuscì a proferire alcuna parola perché ormai erano mesi che non parlava.

Gedeone fece un ultimo tentativo di chiedere aiuto, ma non ci riuscì. Decise allora di riposare un po' perché tutto quel movimento e quelle decisioni prese lo avevano affaticato. Calmò il ritmo del suo respiro, rilassò i muscoli della faccia e chiuse gli occhi. Anzi, chiuse l'occhio.

Codatroppolunga

Una mattina di luglio, in un verde bosco alle pendici del monte Amiata, arrivò uno scoiattolino grigio con tutta la sua famigliola, che comprendeva una compagna e tre scoiattolini.

Tutti gli scoiattoli del bosco si riunirono attorno al nuovo arrivato.

«Sa-salve», esordì timoroso lo scoiattolino grigio. «Mi chiamo Codalunga e io e la mia famiglia siamo venuti sin qui perché il bosco a est è bruciato e noi vivevamo lì. Qualcuno nella notte ha appiccato un incendio e io e la mia compagna Codabella abbiamo preso i nostri figli e le nostre cose e siamo scappati sin qui».

Gli scoiattoli del bosco alle pendici del monte Amiata non vedevano di buon occhio il nuovo arrivato. Innanzitutto era grigio e non fulvo come tutti loro. Provarono a dirgli di trasferirsi in un altro bosco, ma non ci fu nulla da fare.

Il rivenditore di ghiande cercava di non venderglile perché le cucinava in una maniera differente da quella tradizionale e molti scoiattolini borbottavano quando vedevano passare Codalunga e Codabella con i loro piccoli. Dicevano che gli scoiattoli fulvi erano sempre stati lì e non volevano che gli scoiattoli grigi invadessero il loro territorio. Sì, perché da qualche tempo a questa parte arrivarono altre famigliole di scoiattoli grigi, visto che l'incendio continuava a distruggere il bosco ad est.

Gli scoiattoli fulvi decisero di lasciare qualche albero nella parte bassa del bosco a disposizione degli scoiattoli grigi, ma questi facevano fatica a vivere lì perché non c'erano abbastanza rami.

«Scusatemi», diceva Codalunga. «Potreste darci un paio di alberi in più? Non abbiamo abbastanza rami da bucare per farci le tane».

«Ma noi viviamo qui da sempre», dicevano gli scoiattoli fulvi.

«Ma voi siete nati qui perché qui vi hanno fatto nascere i vostri genitori. Non lo avete scelto voi. E non ce ne potete fare una colpa se non siamo nati qui», rispondeva Codalunga.

«Tornatevene al vostro bosco!», gli gridavano alcuni scoiattoli fulvi. E Codalunga, rassegnato, rispondeva che sarebbe ritornato volentieri nel suo bosco, se questo non fosse bruciato totalmente. Alcuni, per prendere in giro Codalunga, lo chiamavano Codatroppolunga, ma lui provava a non dare ascolto a queste voci.

Codalunga non era trattato benissimo, ma non poteva andarsene visto che non c'erano altri boschi dove vivere e tornare indietro al suo bosco non era possibile. Cercava comunque di non far mancare niente ai suoi scoiattolini e a Codabella e a suo modo si trovava bene nel bosco alle pendici del monte Amiata.

«Ma zio! Ma si può discriminare qualcuno solo perché è di un colore diverso o perché viene da un altro posto?», chiese Jazmin.

«Purtroppo avviene spesso che gli scoiattoli si accorgono della stupidità dei propri pensieri soltanto quando il loro bosco viene bruciato e sono loro a dover scappare».

Il fringuello Cocorì

«Zio Giacomo! Zio Giacomo! Mi racconti una favola?».
«Certamente, Jazmin», disse lo zio Giacomo. «Ma tu prima dimmi come ti sei comportata oggi. Ti sei comportata bene?».
«Sì, zio».
«Perfetto! Questa favola me l'ha raccontata due mesi fa un canarino di Parigi».

C'era una volta un fringuello molto felice che si chiamava Cocorì. Andava sempre in giro a beccare semini con la famiglia e volava spensierato nei cieli. Però tutto questo non gli bastava: lui, non solo voleva vivere libero, ma voleva anche migliorare il mondo.
Un giorno Cocorì parlò di questo problema alla mamma e le disse: «Mamma! Ho deciso! Entrerò in politica! Non posso più vedere l'uomo che disbosca le foreste, che costruisce mille strade e mille palazzi al giorno, che vuole sempre fare la guerra!».
La mamma si convinse delle buone intenzioni del suo giovane figlio, lo aiutò a fare il fagotto e lo salutò.
Il fringuello Cocorì volò per chilometri e chilometri, girò la sua regione, girò la sua nazione, girò il suo continente e tutto il mondo. E si fermò. Si fermò proprio quando c'erano le elezioni e fece il suo discorso davanti a tutta la folla riunita.
«Amici! Io sono qui perché so come cambiare le cose. Non distruggeremo più le foreste, non produrremo più troppa plastica, non butteremo immondizia per le strade, non ci sarà più corruzione, non ci saranno più guerre!».

Il fringuello Cocorì era felicissimo di aver fatto il suo più bel discorso in quel momento e aspettò fiducioso il risultato delle elezioni. Purtroppo però ottenne soltanto il tre per cento dei voti e se ne tornò al suo nido, dalla sua mamma.

«Zio Giacomo, che significa questa favola?».
«Cara Jazmin. Significa che anche se vuoi aiutare qualcuno, non sempre quel qualcuno vuole lasciarsi aiutare».
«Però è un finale triste!».
«No, Jazmin. Perché anche se c'è molta gente che non vuole essere aiutata, ce n'è altrettanta che un aiuto lo vorrebbe. Quindi devi concentrarti su questa perché con il tuo aiuto loro saranno felici e tu lo sarai di più».

Fosforino

«Zio Giacomo! Buongiorno! Mi racconti una favola anche oggi?», chiese Jazmin.
«Certamente, Jazmin!», rispose lo zio. «Questa favola me l'ha raccontata la signora Gilberta, mentre passeggiavo per le strade di Ghezzano».

Una volta, alle pendici del monte Verruca, nacque un animale differente dagli altri. Era un ciriolino uguale a tutti gli altri ciriolini: un becco sottile, una barbetta lanuginosa e una codina arricciata che non smetteva mai di girare. Purtroppo però non era proprio uguale uguale a tutti gli altri ciriolini del suo branco perché al posto dei classici filannini marroni sul dorso i suoi erano gialli fosforescenti. Proprio per questo motivo, la mamma, che gli voleva tanto bene comunque, lo aveva chiamato Fosforino.
Fosforino nacque come tutti quelli della sua generazione alla fine del grande inverno. Passò la primavera felice, ma poi gli altri giovani ciriolini del suo branco cominciarono a prenderlo in giro. Lo prendevano in giro a scuola sotto l'albero di tiglio, mentre tornavano a casa sotto la grande quercia, quando giocavano allo sfratto nel campo di insalata del fattore Menàsio.
La mamma lo rincuorava sempre. Diceva a Fosforino che se era nato così c'era un motivo: lei non lo sapeva, ma con l'avanzare delle stagioni lo avrebbe scoperto. E poi gli diceva che a tutto c'è una spiegazione. Che era il frutto di un amore e ai risultati dell'amore poi gli si vuole bene.

Ma Fosforino si sentiva solo.

Venne la stagione della grande migrazione. Tutti i ciriolini nati quell'anno avrebbero dovuto attraversare una superstrada che di giorno era molto trafficata. Sarebbero dovuti andare al campo di là, per mangiare l'erba migliore e per poter tornare più sani e vigorosi al di qua per affrontare l'inverno. Tutte le mamme e tutti i papà dei piccoli ciriolini davano le loro raccomandazioni perché la superstrada andava attraversata di notte, a causa del traffico diurno. E anche in quell'occasione il povero Fosforino venne fatto oggetto di scherno.

"Fosforino ci illumina il cammino!", dicevano canzonandolo tutti i ciriolini in coro.

Come tutti ben sapete, il ciriolino è un animale dall'andatura lenta, quindi attraversare una strada è questione di minuti e non di secondi come per noi. La strada era deserta da ore, ma durante i minuti dell'attraversamento, venne un'auto a tutta velocità che non si avvide della fila di ciriolini. Purtroppo vennero schiacciati tutti. Tutti tranne Fosforino! Coi suoi filannini gialli fosforescenti sul dorso, Fosforino era ben visibile anche di notte e il conduttore dell'auto si accorse in tempo dell'animale e lo poté evitare.

Fosforino arrivò sano e salvo dall'altra parte della superstrada che scorreva sotto il monte Verruca e cominciò a vivere la sua vita. Mangiava bene, correva lentamente bene, dormiva bene nella tana che si era scavato non lontano da un albero di frassino. Però ogni sera Fosforino tornava a vedere la superstrada.

Fosforino si sentiva solo perché stavolta era solo per davvero.

«Zio! Ma Fosforino poi che fece?».

«Sei sicura di volerlo sapere, Jazmin? Non vuoi che te lo racconti domani?», rispose lo zio Giacomo.

«No, zio. Dimmelo adesso, per favore».

«Fosforino, dopo aver passato la stagione al di là della

superstrada alle pendici del monte Verruca, tornò al di qua. Raccontò a tutti la sua storia e la sua mamma lo abbracciò forte. Allo stesso tempo era molto ricercato dalle tutte le cirioline, perché adesso tutti volevano avere i filannini gialli fosforescenti sul dorso al posto di quelli marroni, così attraversare la superstrada non sarebbe stato più rischioso come prima».

Dividersi il lavoro

«Ciao, zio!», disse con voce squillante Jazmin. «Oggi ti ho chiamato prima perché dopo devo aiutare la zia a pulire casa. Mi racconti una favola?».
«Certamente, Jazmin», rispose lo zio. «Questa favola me l'ha raccontata un mercante di Ratisbona».

Monica e Alice erano due tessitrici. Avevano ormai un'età avanzata quando all'ultima fiera autunnale di Amburgo si incontrarono e fecero amicizia.
Le fiere di quel periodo erano piene di gente complicata, quindi decisero di comune accordo di ritrovarsi l'anno seguente nello stesso posto, di condividere il loro lavoro e di venderlo raccogliendone i frutti. Era molto meglio organizzare il banchetto in due persone che da soli, quindi decisero di mettere in comune lavoro e guadagni. Era importante per loro comprare coperte, beni e provviste per affrontare il lungo inverno.
L'anno seguente Monica e Alice si incontrarono alla fiera come da accordi e misero in comune il loro lavoro. Monica si era data molto da fare durante la primavera, l'estate e l'autunno precedenti ed era riuscita a produrre un carretto di vestiti, ricami, tovaglie, tende, merletti e pizzi. Aveva lavorato molto perché riteneva giusto lavorare con impegno, fare la sua parte, nonostante sapesse di poter fare affidamento anche sul lavoro di Alice.
Alice invece non si era data molto da fare durante il corso dell'anno e aveva portato uno scatoloncino con alcuni centrini, tovaglioli e tendine.

«Zio! Ma perché Alice non aveva lavorato?», chiese Jazmin.

«Non saprei. Forse se la prendeva con comodo, forse faceva molto affidamento sul lavoro e la bravura di Monica, forse non le andava di lavorare e aveva passato del tempo a parlare con le sue amiche...», disse lo zio Giacomo.

«Aaaah...».

Quell'anno la vendita andò comunque bene. I soldi ricavati servirono giusti giusti a coprire gli acquisti in previsione per l'inverno. E così andarono le cose per i seguenti quattro anni. Monica sempre a impegnarsi e Alice sempre a presentarsi con pochi oggetti da vendere.

Giulia, la figlia di Monica, si arrabbiava con la madre perché pensava che la compagna di fiere la prendesse in giro e la sfruttasse. Ma Monica non ne voleva sapere perché si riteneva nel giusto. «Non devi smettere di lavorare se gli altri si nascondono dietro mille scuse e motivazioni. Devi fare la tua parte nel mondo», diceva Monica a sua figlia. «Non importa cosa, quanto e come facciano gli altri. L'importante è essere sinceri con se stessi e potersi guardare orgogliosi allo specchio ogni sera».

L'anno seguente, l'ultima fiera autunnale di Amburgo si svolse sotto una fitta nevicata. Alice era sempre lì, nello stesso spazio che ormai occupava da anni, ma di Monica nemmeno l'ombra. Alice era molto preoccupata per la sua amica perché non sapeva né come contattarla, né dove cercarla. Già erano le due di pomeriggio, quindi Alice si decise a vendere i pochi pizzi e i pochissimi merletti che aveva nello scatoloncino che anche quell'anno aveva preparato. Aveva ancora speranza che arrivasse Monica. Si sarebbe data da fare, l'avrebbe aiutata a vendere bene le cose da lei prodotte.

Ma la sua amica quel giorno non arrivò. I soldi che aveva ottenuto dalla vendita dei suoi prodotti le bastarono soltanto per comprare due sacchi di cipolle, tre sacchi di patate, due coperte e ventisei candele. Alice passò un inverno di stenti e solo al giungere della primavera capì il vero significato del dividersi il lavoro.

«Zio! Ma poi Alice muore?», chiese Jazmin.
«No, Jazmin. Gli stolti, i fessi e i cattivi mica muoiono sempre! Però sicuramente Alice non se la passò bene quell'inverno e, appena le sue mani ritornarono a una temperatura normale, cominciò con tanta energia a tagliare e a cucire per prepararsi all'ultima fiera autunnale di Amburgo».

La quercia parlante

In una regione al confine degli stati di Porongo e Mimongo, c'era una collina che sovrastava una valle. Sopra la collina c'era una grande quercia che era lì da non si sa quanto e, un po' più a valle, c'era un piccolo paesello chiamato Gramsh.

Un bambino di nome Antonino aveva appena litigato coi suoi compagni di giochi e, allontanandosene, si diresse verso la poco lontana quercia. Si appoggiò al suo tronco e cominciò a piangere lacrime amare, quando improvvisamente i rami della quercia si mossero aiutati dal vento e cominciarono a far rumore. Un rumore strano, pensava Antonino, quasi una voce. Una voce che gli diceva «Non piangere, per favore. Rimani qui tutto il tempo che vuoi, ma prova a pensare a qualcosa di bello». Antonino si girò di scatto ma non vide nessuno. Fece un giro veloce attorno al tronco, ma non trovò nessuno.

Dopo alcuni secondi di smarrimento, Antonino prese coraggio: «Quercia. Sei tu ad aver parlato con me poco fa?».

«Certamente».

«E da quando in qua le querce parlano?», chiese Antonino.

«Da sempre», rispose contenta la quercia.

«E perché è la prima volta che sento parlare una quercia?».

«Perché è la prima volta che le rivolgi la parola», rispose la quercia.

Antonino rimase sorpreso dalla semplicità della risposta e sorrise.

«Vieni qui. Siediti su questa mia radice e accomodati per bene». E la quercia cominciò a raccontare una favola ad Antonino.

Era ormai giunto il tramonto e Antonino dovette tornare a casa dalla famiglia. Però rimase talmente sorpreso ed entusiasta che il giorno dopo tornò alla quercia e si portò anche i compagni di gioco. Da quel giorno e per tutto il mese seguente, la quercia raccontava una favola a tutti i bambini presenti.

I bambini erano felici perché la favola gli veniva raccontata verso l'ora del tramonto, quando erano esausti per aver giocato tutto il pomeriggio e poco prima che venissero tutti richiamati per la cena.

La voce della quercia che racconta favole ai bambini si sparse per tutta Gramsh. Ma si sa! Gli adulti non credono mai a queste cose innaturali e ci misero un po' a prendere coraggio e andare a parlare con la quercia.

La quercia era lì, attorniata da bambini felici. Al che i primi adulti si avvicinarono e capirono che era tutto vero.

Allora presero coraggio e cominciarono a farle delle domande.

Per primo si avvicinò un ragazzo: «Che ne pensi di noi umani?».

«Hanno sangue tutti gli umani: i poveri nelle vene, i ricchi nelle mani».

E, appena ascoltarono la risposta, alcuni giovani che erano lì ad ascoltare partirono per andare a fare la rivoluzione.

Il giorno dopo altri adulti si avvicinarono alla quercia. Uno di loro prese la parola e domandò: «Cosa ne pensi delle guerre?».

La quercia mosse un po' le fronde e disse: «Cambiano i confini e cambiano gli Stati, ma i problemi della popolazione sono sempre gli stessi. Il giogo dei governi muta, ma è sempre uguale».

All'istante alcuni uomini si resero conto della pienezza di quelle parole e rinunciarono alla chiamata dell'esercito.

Due giorni dopo salì sulla collina un contadino: «Oh, saggia quercia; perché faccio tanta fatica ad andare avanti?».

«Perché in questo paese la terra è in mano a quelli che odiano tenerla sotto le unghie», rispose tristemente la quercia.

Il contadino si guardò le mani grandi, sporche e rovinate dal lavoro e si rese conto del suo infinito potere.

Alla quercia piaceva tanto rispondere alle domande degli adulti, ma la sua vera passione era raccontare favole. Riusciva sempre a far sbocciare i fiori della conoscenza e della pace nei cuori dei bambini.

Alcuni giorni dopo salì sulla collina un ragazzo vestito a festa che si dava molte arie.

«Io ho studiato molto in questi anni e ho frequentato anche l'università. Sono sicuramente il più saggio del villaggio. Prova a verificare le mie conoscenze», disse borioso lo studioso.

La quercia stette in silenzio per un attimo, poi mosse le fronde e chiese allo studente studioso: «Se ti dicessero che devi tenere tre dita o quattro, cosa sceglieresti?».

«Ma certamente quattro!», risposte soddisfatto lo studioso. «Avere quattro dita è meno peggio che averne tre!».

E la quercia domandò di nuovo: «Senza domandare il perché non puoi continuare a tenerne cinque?».

Lo studente studioso scese dal suo piedistallo immaginario, pianse un po' e chiese scusa alla quercia. Alcuni bambini lo videro l'indomani mattina prendere una corriera. Si diceva fosse andato in città per partecipare alla manifestazione per i diritti dei lavoratori.

La voce della saggia quercia parlante si sparse per tutta la valle e ci mise ben poco a raggiungere anche l'orecchio del general Bombardoni.

Una volta verificate le fonti, il general Vittorio Bombardoni esclamò: «Una quercia sovversiva! Bisogna assolutamente procedere!».

Senza perdere un minuto di tempo, il general Bombardoni fece salire su un camion venti soldati col fucile carico. Era talmente preoccupato della cosa che decise di guidare il camion egli stesso.

Arrivato a Gramsh, fermò il mezzo e fece scendere i venti

51

soldati. Guidato da alcuni informatori, Bombardoni e i venti soldati raggiunsero la quercia sulla collina.

Si girò verso la popolazione che lo aveva seguito ed esclamò: «Questa quercia è sovversiva! Le spetta un trattamento esemplare!».

Dal fondo della folla si udì un tremebondo «Ma è un albero!».

Il general Bombardoni perse le staffe: «È prima di tutto un sovversivo! Che sia un albero non ha rilevanza! La pena è...».

«Nooooooo!», gridarono i bambini tutti in coro, mentre andavano ad abbracciare la loro amatissima quercia.

Il general Bombardoni scacciò i bambini e riprese a declamare solennemente: «La pena è la fucilazione!».

«Nooooooo!», disse un'unica voce in fondo alla folla.

La decisione era ormai presa e il plotone d'esecuzione già schierato.

«Caricate! Puntate! Fuoco!».

BUM! BAM! BIM! PUM! PAM! PIM!

I venti soldati scaricarono tutti i caricatori sulla povera quercia che, con un ultimo filo di voce, disse: «Muoio».

Il general Bombardoni era soddisfatto del suo lavoro, fece salire sul camion i suoi venti soldati e se ne tornò al quartier generale. Gli adulti erano tristi e rimasero per alcuni minuti fermi a guardare la quercia; poi se ne tornarono nelle loro case e alle loro mansioni.

I bambini piansero e rimasero lì tutto il pomeriggio. Quando stava per arrivare il tramonto, le fronde della quercia si mossero e tutti i bambini sembrarono udire queste esatte parole: «Buon pomeriggio, bambini». Era la quercia! Era lei! Era tornata a parlare! La quercia spiegò che era molto difficile uccidere una quercia sparandole; la si può bruciare, tagliare o abbattere per metterla a tacere, ma non si è mai sentito di una quercia uccisa da delle pallottole.

Dopo aver ascoltato una favola, alcuni bambini decisero di andare a informare i loro genitori ma la quercia li fermò: «Bambini. Gli adulti non meritano più le mie risposte, quindi parlerò solo a voi».

E quel segreto fu mantenuto tale per anni.

Il bambino di ferro (II)

C'era una volta Giulio, un bambino di ferro che era sempre solo. Un giorno prese il suo pallone e si decise a lasciare la casa per girare il mondo in cerca di altri bambini con cui giocare. Gira e rigira, ma non incontra mai nessuno. Villaggi vuoti, strade vuote, piscine vuote.

Un giorno pieno di sole, Giulio il bambino di ferro vide in lontananza due bambini che gli venivano incontro. Tutto contento cominciò a correre verso di loro, producendo un clangore rumorosissimo visto che era un bambino di ferro. Una volta raggiunti i due bambini, Giulio il bambino di ferro smise di correre, riprese il fiato e si presentò.

«Ciao, mi chiamo Giulio. Sono un bambino di ferro».

«Ma zio! Questa favola del bambino di ferro già me l'hai raccontata!», disse Jazmin allo zio Giacomo.

«No, Jazmin, questa è differente!», rispose lo zio. «Lasciami raccontare e vedrai...»

«Ciao, mi chiamo Giulio. Sono un bambino di ferro».

«Ciao Giulio, io mi chiamo Carlo e sono un bambino di pane. Sono talmente buono che i miei genitori non mi fanno uscire spesso perché hanno paura che mi mangino i corvi».

«Ciao Giulio, io mi chiamo Andrea e sono un bambino di piume. Sono talmente veloce che quando esco di casa i miei genitori mi riempiono di sassolini le tasche per farmi rallentare».

Carlo, il bambino di pane, vide la palla di Giulio e disse:

«Giulio, conosco un gioco bellissimo da fare tutti insieme. Dammi la palla, chiudi gli occhi e conta fino a venti».

Giulio, che aveva tanta voglia di giocare e farsi dei nuovi amici, non se lo fece ripetere due volte. Diede la palla al bambino di pane, chiuse gli occhi e contò fino a venti.

Uno... due... tre... quattro... cinque... sei... sette... otto... nove... dieci... urdici... diacenti... tricenti... drardici... frirdici... sardici... cenghesette... cengheotto... cenghenove... venti...

Giulio aprì gli occhi e... sorpresa! Carlo il bambino di pane e Andrea il bambino di piume non c'erano più. Erano spariti. E con loro era sparita anche la palla.

Incantesimi di cacca

«Zio Giacomo! Zio Giacomo! Mi racconti una favola?».
«Certamente, Jazmin», disse lo zio Giacomo. «Questa favola me l'ha raccontata un signore col turbante a Konya».

In un'epoca antica, il regno di Meringia era uno dei regni più importante del mondo. Il suo re, l'intelligentissimo Guiscardo, amava circondarsi di maghi, filosofi e persone giuste per fare il bene del popolo.
Le disparità tra le persone c'erano sempre, ma il popolo era comunque felice perché vedeva il re impegnarsi giorno e notte per risolvere i problemi che sorgevano ogni volta.
Furono ventisette anni di regno meravigliosi, dove tutti avevano più diritti, tutti aiutavano tutti, dove si lavorava solo quattro giorni a settimana perché tre - per legge! - dovevano essere dedicati ai figli e ai familiari.
Purtroppo, come tutte le cose che iniziano, anche il regno di Guiscardo doveva finire. In breve tempo il re si ammalò e lasciò questo mondo.
Funerali solenni vennero fatti e vennero dichiarati dieci giorni di lutto. Adulti, anziani e piccini andavano a lasciare un fiore sulla tomba di re Guiscardo.
Giunse il momento di incoronare l'unico figlio di Guiscardo: Tizzone era un ragazzo svogliato e pretenzioso. Guiscardo in vita non aveva accumulato grandi ricchezze nonostante fosse stato per anni re, quindi Tizzone decise di tagliare un po' i costi dello Stato per guadagnare di più. Chi doveva dormire in ospedale doveva portarsi le coperte da casa, chi voleva andare

a scuola doveva pagare una tassa...

La corte, piena di maghi, filosofi e persone giuste, cercava sempre di trovare una soluzione per rimediare ai nuovi regolamenti strampalati di re Tizzone, ma venne il momento che la situazione era diventata insostenibile. Quindi venne indetta una riunione per eleggere un rappresentante per andare a parlare col re.

Fu scelto il mago Tortino, per anni amico fidato del compianto re Guiscardo.

Il mago Tortino andò a parlare con re Tizzone, ma per tutta risposta il re licenziò tutta la corte! Costava troppo!

Centinaia di persone intelligenti e giuste persero il lavoro e dovettero lasciare il regno di Meringia. Anche il mago Tortino fu costretto ad andarsene, ma non prima di aver fatto un incantesimo al re: il re Tizzone da quel momento in poi avrebbe avuto la capacità di trasformare in cacca tutto ciò che desiderava.

Molti obbietteranno il pessimo incantesimo, ma re Tizzone ci si trovava bene: appena qualcosa in qualche suddito non andava, lo trasformava in cacca. Il nuovo palazzo reale non era bello? Trasformato in cacca. Due contadini si litigavano un cocomero? Trasformato in cacca il cocomero e pure i contadini. Il libro che Tizzone stava leggendo non gli piaceva? Trasformato anch'esso in cacca.

Molti sudditi avevano paura, altri erano scandalizzati dal modo di governare e dalla puzza, quindi il regno di Meringia si svuotava sempre di più.

Venne il giorno in cui re Tizzone si trovò a regnare su una Meringia vuota e completamente trasformata in cacca.

«Zio Giacomo! Che brutta storia di cacca che mi hai raccontato!», disse Jazmin.

«Jazmin», disse lo zio, «non tutte le storie finiscono bene. Da alcune si devono imparare alcune lezioni».

«E cosa dovrei imparare da questa storia di cacca?».

«Che se non vuoi rimanere in brutte situazioni dovresti cercare di non creare ad altri brutte situazioni. Ma soprattutto: diffida sempre da chi ti dice che vuole governare da solo, perché a volte può essere bravo e a volte cattivo».

Pitturare per resistere

«Zio, zio! Mi racconti una storia?».
«Certamente, Jazmin. Questa storia me l'ha raccontata il mio amico Lucone che vive a Testaccio».

C'era una volta, in una città bellissima e famosa in tutto il mondo, un palazzo bellissimo e famoso in tutto il mondo.
Purtroppo questo palazzo non lo usava più nessuno e quindi alcune famiglie, che avevano perso la casa a causa di uno sciagurato terremoto, decisero di occuparlo e di andare a viverci. Tutti erano solidali l'uno con l'altro. Ci vollero quasi cinque anni per ripulire, ripitturare e risistemare tutto il palazzo, ma alla fine fu recuperato uno spazio importante.
Un brutto giorno di pioggia arrivò davanti al palazzo un politico molto potente. Si mise a guardare bene e decise di demolire il palazzo. Le famiglie che occupavano il bellissimo e famosissimo palazzo si preoccuparono tanto. Non sapevano dove andare a vivere, le loro case non erano ancora state riparate. Erano cinquanta uomini, cinquanta donne, cinquanta bambini, cinquanta anziani e cinquanta tra cani e gatti.
Il giorno seguente arrivò sul posto un grande artista. Prese i suoi pennelli e cominciò a disegnare e a colorare la più bella opera di pittura mai fatta nella storia dell'uomo. Era talmente bella che i gendarmi che dovevano sgomberare l'edificio si fermarono e piansero dalla gioia. Adesso da tutto il mondo venivano a fare foto e a guardare questo palazzo tornato bellissimo grazie all'impegno delle famiglie che ci vivevano e tornato famosissimo grazie al grande artista che ne aveva

migliorato l'esterno.

Ma il politico molto potente tornò a farsi sotto. Scese dalla sua auto costosissima e si mise ad arringare la folla giunta sul luogo. «Bisogna fare quello che si deve fare», continuava a ripetere il politico un po' grassoccio e un po' calvo che non voleva mettere nessuno in salvo.

Oramai era quasi deciso. Il politico aveva fatto carte false per mobilitare tutto l'esercito. Le persone che dormivano lì dentro si lamentavano, ma al politico potente non importava niente.

Ma ad un certo momento, proprio un istante prima della demolizione, arrivò, a cavallo di una nuvola a forma di cavallo, il mago Gisello, che è sempre stato sensibile ai problemi delle persone che rischiano di perdere la casa.

Il mago Gisello scese dalla nuvola a forma di cavallo e si aprì un varco fra la folla. Arrivò davanti al politico e, senza nemmeno degnarlo di una formula magica, gli fece un incantesimo.

Il naso del politico potente si trasformò in un naso di ortica e tutti si allontanarono. Nessuno voleva riempirsi di bolle per averlo sfiorato e da quel giorno nessuno lo abbracciò più per paura.

«Zio. Non è bello avere un naso di ortica!», disse Jazmin.

«Per niente», rispose lo zio Giacomo. «Proprio per quel motivo, a quel politico non lo votò più nessuno e non fu mai più eletto. Ma non è questa la cosa peggiore che gli capitò!».

«Che gli è successo?».

«Eeeeh, Jazmin. Una cosa gravissima! Il politico non si poté mai più grattare il naso e rimase con un tremendo prurito per tutta la vita».

Ad aiutare i grandi

Un'altra dura giornata di lavoro inizia per Artemio Schiccheri.
Artemio ha sette anni ed è un bambino molto responsabile per
la sua età. A ogni persona che glielo chiede, dice: «Il mio papà
è molto sbadato e io lo devo aiutare in tutto».
Artemio si alza alla mattina e si lava. Poi va a svegliare papà
Gerlando che fa sempre fatica ad alzarsi.
«Papà! Andiamo a fare colazione!».
Artemio porta il papà ancora assonnato in cucina e insieme
mangiano latte e biscotti.
Subito dopo colazione è il momento di lavarsi i denti e il viso.
Artemio non perde occasione per rimproverare il padre: «Ma
papà! Che sbadato che sei! Ma quanto dentifricio hai messo
sullo spazzolino?». Ma Gerlando lo guarda sorridendo: quasi
gli piace farsi correggere da Artemio.
Nemmeno a dirlo, durante le pulizie di casa Artemio è un
leone. Aiuta a spazzare, aiuta a spolverare, aiuta a piegare i
vestiti che Gerlando si era tolto la sera prima.
«Papà! Ma che sbadato che sei! I vestiti li devi piegare quando
te li togli. Non puoi lasciarli tutti appallottolati sulla sedia». E
papà Gerlando sorride e chiede scusa.
Dopo le pulizie quotidiane, è il momento per Gerlando e
Artemio Schiccheri di uscire da casa.
Camminano piano piano, facendo attenzione alle buche del
marciapiede di via Morrovalle. Sono pericolosissime!
Dopo qualche minuto arrivano a un forno e comprano due
pezzi di pizza rossa, di quella buona appena sfornata. Ogni
scusa è buona per correggere Gerlando. «Papà! Che sbadato

che sei! Ti sei sporcato tutta la faccia!», esclama Artemio. Gerlando sorride e si fa aiutare a pulirsi.

Dopo il buonissimo pranzo al forno, i due vanno a fare la spesa. Ma il piccolo Artemio non perde occasione di redarguire Gerlando. «Papà! Io lo so che tu sei sbadato, quindi fai attenzione a questa grande pozzanghera. Stanotte ho sognato che c'erano i coccodrilli».

Padre e figlio si danno la mano e superano insieme l'ostacolo.

Anche durante il tempo passato al supermercato, Artemio sbuffava a causa della sbadataggine del padre: andava a sbattere col carrello, confondeva i fagioli borlotti con quelli bianchi e grandi, gli cadevano le monete al momento di pagare alla cassa. Però Artemio era felice perché era andata meglio della settimana precedente, quando papà Gerlando investì una vecchina col suo carrello.

Arrivati a casa, dopo aver superato la pozzanghera coi coccodrilli e l'impervio marciapiede di via Morrovalle, Artemio e Gerlando si mettono a preparare la cena.

«Papà! Che sbadato che sei! Non ti confondere anche questa volta il sale con lo zucchero, per favore!», dice l'adultissimo bambino di sette anni a Gerlando.

E Gerlando sorride al figlio.

Nonostante una presina un po' bruciacchiata, la cena è veramente buona. Dopo aver aiutato uno sbadato padre a sparecchiare e a lavare i piatti, Artemio si siede a vedere i cartoni animati fino a che arriva l'ora di andare a dormire.

Gerlando accompagna il piccolo Artemio nella sua stanza e lo mette a letto. E dice a suo figlio che gli vuole bene.

Artemio dice al papà che è sbadato, ma ogni volta meno del giorno prima. E che sarebbe migliorato ancora.

Gerlando si commuove un po' e ringrazia il figlio per l'aiuto, poi gli dà la buonanotte e spegne la luce.

Artemio è felice, ma è ancora troppo piccolo. Ha solo sette anni e non può capire che il papà non lo fa di proposito a essere sbadato, ma che alcuni mesi prima aveva avuto un ictus. E non può capire che lo sta aiutando più moralmente che fisicamente.

Gigino e Gigetto

Gigino e Gigetto sono fratelli.

Il pomeriggio, quando tornano da scuola insieme alla mamma, fanno un'abbondante merenda e cominciano a svolgere i compiti. Mentre la mamma prepara la cena, Gigino e Gigetto giocano assieme per ingannare l'attesa del padre, che torna ogni giorno a casa dal lavoro quando già è buio.

Appena sentono il rumore della serratura scattare, Gigino e Gigetto vanno subito ad accogliere il padre, lo aiutano a spogliarsi e a mettere la giacca all'appendiabiti e la borsa da lavoro nell'armadio. Poi vanno di corsa a lavarsi le mani - col sapone - e si siedono velocemente a tavola.

Il papà mangia con gusto, vuoi perché la cena è come ogni giorno buonissima, vuoi perché lavora davvero tanto e la sera ha tantissima fame. Però trova sempre il tempo, fra un boccone e l'altro, per chiedere ai figli come è andata la giornata di scuola.

Gigino e Gigetto mangiano sempre composti e in silenzio, come se fossero in attesa della domanda che gli viene risposta ogni sera.

«Oggi la maestra ci ha raccontato la storia di un certo Tommaso Müntzer. Non ci ho capito niente, ma la maestra era talmente brava che la lezione mi è piaciuta tantissimo», disse Gigino.

«Oggi la maestra si è messa a spiegare una cosa ma non mi è piaciuta. Mi sono annoiato tantissimo», dice Gigetto.

«Il pranzo era buonissimo. La pasta al sugo! La verdura non mi piaceva tanto, però mi dici sempre che devo mangiare tutto e allora mi sono sforzato. Poi, mentre aspettavo che gli altri finivano, mi sono messo a giocare con la tovaglia di carta, quella coi quadratoni che se rompi due pezzi di carta ci puoi giocare a dama», dice Gigino.

«Oggi il pranzo non mi è piaciuto. Ho dovuto mangiare tutto, perché mi dici che devo mangiare sempre tutto, ma i fagiolini proprio non mi piacciono. Ci ho messo tanto a mangiare e ogni boccone lo dovevo mandare giù con l'acqua. Anche la carne bianca era dura dura», dice Gigetto.

«Dopo pranzo siamo usciti fuori e c'era un sole giallissimo. Si stava bene, allora coi miei amici abbiamo cercato una pigna e ci abbiamo giocato a palla. Sono cascato e mi sono fatto un po' male al ginocchio, ma ho fatto anche un gol bellissimo», dice Gigino.

«Oggi c'era un sole fortissimo e in giardino mi sono dovuto mettere sotto a un albero perché sennò mi faceva male la testa», dice Gigetto.

Il papà finisce di mangiare e posa la posata alla destra del piatto. Ci pensa un po' su, poi prende il tovagliolo di stoffa, che è sempre ben piegato, e si pulisce la bocca, passando più volte sugli angoli per togliere tutto lo sporco.

Il papà guarda il tovagliolo e lo poggia sul tavolo, guarda sorridendo la moglie e poi rivolge lo sguardo verso Gigino e Gigetto.

«Ma voi due non siete compagni di banco?».

Orwotoa

«Ciao, Jazmin! Come va? Ti vedo talmente allegra che la zia fatica a starti dietro!».

«Ciao, zio!», rispose Jazmin. «Fra due settimane finisce la scuola e sono felice. Ancora non so dove la zia e la nonna mi porteranno in vacanza, ma l'importante è che finisca la scuola. Mi racconti una storia?».

«Certamente, Jazmin», rispose lo zio Giacomo.

Mancava una settimana soltanto alle ferie estive. Tutti gli operai erano riuniti nella sala di raccolta. Erano tutti felici e in fibrillazione, e visto che l'anno era andato molto bene, avevano proprio tutte le intenzioni di fare una vacanza di gruppo.

«Andiamo a San Gimignano», disse Susanna.

«No, meglio a Mosca», disse Sergio.

«E perché non ce ne andiamo a Orwotoa?», venne proposto dal fondo della sala.

Eh, Orwotoa. Tutti si misero a pensare. Va bene che Orwotoa è lontana, perché è una piccola isola nel mare di Arfandia; però, che idea! Sole, mare. A parte il viaggio aereo, il costo della vita era veramente economico. Un bel gruppo di colleghi e amici in vacanza insieme in un paradiso terrestre.

«Eh, Orwotoa», disse Susanna.

«Noooooo! Ma che scherziamo?», se ne uscì all'improvviso Aldo. «Io la conosco quell'isola. Ci sono stato l'anno scorso. Se decidete di andare lì, io non verrò con voi».

«Ma perché, non è estate tutto l'anno?», domandò Sergio.

«Estate tutto l'anno, zanzare giganti fanno danno!», rispose

Aldo.

«Ma non è un mare famoso e rinomato?», domandò Bruno.

«Mare rinomato, squalo cravatta affamato!», rispose Aldo.

«Ma mi hanno raccontato che si beve e si mangia a meraviglia!», commentò meravigliata Vanessa.

«Bere latte di cocco e mangiare frutti di mare costa davvero pochi baiocchi, ma poi te lo raccomando il mal di pancia coi fiocchi!», ricambiò Aldo.

«Ma mi hanno detto che nella capitale Georgetown si vive molto bene», incalzò Susanna.

«Georgetown non è proprio brutta, ma il vulcano sopra di essa prima o poi erutta. Devi vivere in una barca, se vuoi farla franca», rispose a tono Aldo.

Gli operai alla fine erano molto divisi sul da farsi, ma già in molti non volevano andare sull'isola di Orwotoa.

«Zio Giacomo! Ma alla fine dove andarono in vacanza questi operai?», domandò Jazmin.

«Di tutti non lo so, ma sono sicuro che Aldo è andato a Orwotoa. Mi ha fatto vedere le foto!», rispose lo zio.

«Ma non era brutta?».

«Assolutamente. Sono dieci anni che va in vacanza lì. Il mare di Arfandia è bellissimo, si mangia e si beve a sazietà con pochi baiocchi e il sole ti abbronza, ma non ti scotta», rispose lo zio.

«E le zanzare giganti?», chiese Jazmin.

«Non ci sono zanzare a Orwotoa».

A sbagliare dentifricio

«Zio Giacomo! Zio Giacomo! Mi racconti una favola?».
«Certamente, Jazmin», disse lo zio Giacomo. «Ma tu prima dimmi come ti sei comportata oggi. Ti sei comportata bene?».
«Sì, zio».
«Ottimo! Ma dimmi un po': hai lavato i denti dopo pranzo?».
«Sì, zio».
«Perfetto! Questa favola me l'ha raccontata una signora di Bolzano».

Il signor Gustavo si alza la mattina come ogni mattina al suono della sveglia. Spegne la sveglia, si siede sul letto, mette le pantofole e va in bagno. Ancora un po' assonnato, prende lo spazzolino da denti, ci mette sopra del dentifricio e comincia a lavarsi. Sciacqua la bocca, sputa l'acqua sporca di dentifricio e si guarda allo specchio. Tutto normale, come ogni giorno.
Il signor Gustavo torna in camera e si veste per andare a lavorare. È professore a scuola e oggi ha una lezione importante.
È ben vestito, ma davanti allo specchio nota qualcosa che non va! Oddio! Il signor Gustavo ha una coda di cavallo che spunta dai suoi pantaloni. Attimi di terrore...
Gustavo va in bagno a controllare: purtroppo ha usato il dentifricio del mago Patella, il mago che divide con lui l'affitto di casa.
«Spero che possa andare tutto per il meglio oggi, l'ultima volta la giornata è stata difficile da affrontare».
Gustavo torna in camera e si mette le scarpe. Le allaccia ben

strette e poi si riguarda allo specchio. «Nooooo», pensa Gustavo tra sé e sé, «non avrei dovuto pensare di avere freddo alla testa. Adesso è apparso un cappello di lana che non riesco più a togliere».

Per fortuna per Gustavo che era inverno, altrimenti tutti i passanti lo avrebbero preso in giro. Andare con un cappello di lana in estate non è visto di buon occhio.

Gustavo scende in cucina a fare colazione, prende un bicchiere e lo riempie d'acqua. Ma dal lavandino esce soltanto té alla pesca! «Va bene lo stesso», pensa Gustavo e va verso il tavolo. Ma prima di arrivare al tavolo il bicchiere di té è già diventato una mela.

Gustavo prende la sua borsa ed esce per andare a scuola. Aspetta dieci minuti l'autobus e quando sale lo trova pieno di clown che fanno festa e si divertono. «Speravo che la gente fosse più felice del solito stamattina, ma fino a questo punto non l'avrei mai immaginato!».

Gustavo scende dall'autobus alla fermata giusta e si incammina verso la scuola. Davanti a lui passa un gatto mezzo grigio mezzo beige che si ferma e lo guarda.

MIAOOAAARRRGGGAAAUUUOOOAAARRRGGG!!

Il gatto si trasforma in un animale fantasticamente fantascientifico, dispiega le ali e vola via!

Il signor Gustavo entra in classe, si siede e apre il registro. Prende dal taschino la penna stilografica, la apre, ma non esce inchiostro: la penna comincia a spruzzare arcobaleni per tutta la classe! «Che vergogna!», pensa Gustavo, «cosa penseranno adesso i miei alunni, sono grandi ormai».

Gli alunni del signor Gustavo ridono tutti di gusto, ma i toni delle loro voci hanno qualcosa di strano. Sono diventati tutti bambini piccoli che si divertono a guardare e a cavalcare gli arcobaleni.

«Quanto vorrei che fossero un po' più vecchi i miei alunni, son quasi dei neonati!», e di colpo tutti i bambini che poco prima erano ragazzi diventano degli anziani nonnini vestiti come vestono i nostri nonni.

Gustavo corre ad aprire la finestra e gli arcobaleni escono all'aperto e vanno a disegnare il cielo. La situazione è tornata alla normalità, ma ci è mancato un pelo che non succedessero dei casini.

Il professor Gustavo fa l'appello ai ragazzi che erano diventati prima bambini e poi vecchini, ma che alla fine erano tornati ragazzi. Tutti presenti.

Gustavo prende un gessetto da una scatola di gessetti e si mette a scrivere alla lavagna, ma come d'incanto la lavagna apre la bocca e si mangia il gessetto. E lo mastica di gusto!

Fortunatamente suona la campanella e Gustavo può finalmente tirare un sospiro di sollievo.

Gustavo esce da scuola e decide di passeggiare per tornare a casa. Meglio a piedi che su un autobus pieno di clown!

Gustavo vede un signore chiedere indicazioni a un anziano seduto ad un bar. Il signore anziano indica con la mano lontano e il suo braccio diventa una freccia! Gustavo cammina facendo finta di niente e subito dopo vede anche un uomo senza testa scappare inseguito dai suoi pensieri.

La giornata è invernale ma tiepida, quindi Gustavo decide di camminare in un parco fino a che non arriva a una giostra.

Due bulli stanno minacciando due ragazzi più giovani impauriti, ma incredibilmente, in un istante, i due bulli si trasformano in un bullo solo: rimangono incollati fra loro come fossero dei gemelli siamesi e cominciano a litigare perché uno vuole andare da una parte e uno dall'altra.

Gustavo vede su di una panchina una mamma disperata che non sa come far smettere di piangere il figlio. Il giochino che aveva in mano è cascato e si è rotto in mille pezzi. Una tragedia! Gustavo si avvicina, prende un pezzo di cartone che era buttato nelle vicinanze e lo mostra al bambino.

Il bambino continua a piangere.

Gustavo estrae dalla sua giacca un paio di forbici che magicamente erano comparse nella sua tasca. Ritaglia un po' il cartone e riesce a costruire un gioco bellissimo pieno di luci lampeggianti e di pezzi colorati. Il bambino è felice e Gustavo è soddisfatto.

Però ha fame!

Entra in un ristorante davanti al parco e ordina una calda minestra. Dopo cinque minuti arriva un cameriere con una bottiglia con dentro la minestra.

«Mi scusi, signor cameriere, come faccio a mangiare? Ho chiesto una minestra...».

Il cameriere guarda Gustavo, fa la faccia di chi ha capito il problema e torna in cucina. Dopo cinque minuti ne riesce con una finestra, che appoggia sul tavolo del signor Gustavo.

Gustavo capisce le difficoltà del cameriere, quindi ringrazia e chiude gli occhi. Appena li riapre, la finestra è diventata una finestra di gelato e Gustavo la mangia con gusto.

Si sta facendo tardi, quindi Gustavo esce dal ristorante e si incammina per tornare a casa. Vede una corda legata a un palo della luce e si ricorda delle forbici che ha in tasca. Appena Gustavo taglia la corda, il palo della luce si guarda intorno e furtivamente scappa.

«Un altro guaio ho combinato...», pensa Gustavo. «Spero non lo noti nessuno», ripeteva fra sé e sé. E mentre riflette su queste cose, guarda un cartello stradale tutto blu con una freccia bianca che indica verso destra. La freccia si gira e comincia a indicare il cielo e tutte le macchine cominciano a volare.

Ma la casa è ormai vicina e Gustavo, stanchissimo, riesce ad entrarci. Poggia le chiavi sul mobile, si toglie le scarpe ed entra in camera da letto. Si toglie i vestiti, indossa il pigiama e si mette sotto le coperte. È finalmente tempo di spegnere la luce della lampada sul comodino.

Nel buio della sua stanza Gustavo spera di non sbagliare anche domani. «Cerca di essere abbastanza sveglio da ricordarti di non usare il dentifricio del mago Patella», si ripeteva Gustavo.

«Zio! Ma perché finisce così questa favola? Che significa?».
«Non lo so, Jazmin. La signora di Bolzano che me l'ha raccontata, nelle mani infilava le scarpe e ai piedi indossava dei guanti».

Punti di vista

«Che roba, Vanessa. All'industria di auto hanno fatto uno sciopero, quei quattro ignoranti. Si sono riuniti fuori dalla fabbrica e cercavano di non far entrare gli altri operai. Volevano tenere chiusa la fabbrica, pretendevano un aumento del salario, hanno chiesto addirittura la tutela in caso di malattia. Non sanno che, se solo rinunciassero ad alcuni inutili loro diritti, aumenterebbero notevolmente la produttività dell'azienda e migliorerebbero di molto la loro situazione. Ormai bisogna far entrare nel nostro mondo lavorativo concetti come flessibilità e competitività. Non c'è più morale, Vanessa».

«Cara Camilla. Stamattina c'è stato un grande fermento davanti la fabbrica. Alcuni operai hanno bloccato i cancelli e hanno provato a non far entrare gli altri. Dicevano che vogliono toglierci i nostri diritti, dicevano che le condizioni lavorative peggioreranno molto, dicevano che dobbiamo rimanere uniti. Io non ce l'ho fatta. Ho pensato ad Attilio, ho pensato ai suoi sette anni, ho pensato al suo futuro. Sono entrato per lavorare. Ai cancelli della fabbrica c'erano gli altri che ci fischiavano e ci insultavano. Ma loro non hanno pensato al mio Attilio. Devo lavorare, devo sopperire alle mancanze della vita con l'energia che sempre mi caratterizza».

«Cara Nilde. Stamane, là sul lavoro, mi è arrivata la liquidazione. Mi hanno licenziato. Mi hanno licenziato perché ho scioperato per difendere i nostri diritti. I pochi diritti che noi abbiamo conquistato con le dure lotte nel corso dei decenni.

Vogliono allungarci dei turni già massacranti, vogliono toglierci il diritto a una malattia retribuita, il diritto alla mensa, il diritto a organizzarci e a far sentire la nostra voce. Alcuni crumiri sono entrati nella fabbrica. Entravano piegati, curvati. Non avevano il coraggio di alzare lo sguardo. Mi hanno licenziato, ma non me ne vergogno. Continuerò a lottare per un mondo migliore. Lo devo a nostro figlio, lo devo a me stesso e lo devo anche a mio padre che a suo tempo ha lottato per queste idee».

«Ho sette anni. Sono felice e sono stato contento quando oggi mio padre mi ha portato un libricino da leggere, dal lavoro. Era un libro molto divertente e addirittura me ne ha letto subito un po'. Dopo cena, che è stata buonissima, mi ha fatto preparare per andare a dormire. Ho fatto finta di andarci, ma poi mi sono messo a spiare i genitori dalla toppa della porta della cucina. Papà dice che se vogliono migliorare come azienda e avere un nome che conta, bisogna essere più operativi e più flessibili. Non le ho capite queste parole, ma la mamma dice che mio papà sa quello che sta facendo e che è solo un periodo di crisi. E che in un periodo di crisi ci si dovrebbe fare meno problemi e rinunciare tutti a qualcosa, anche se sembra importante, per poter raggiungere i risultati sperati. A dir la verità non ci ho capito poi molto e sono andato a dormire».

«Ho sette anni. Oggi ho sentito papà parlare con la mamma in cucina. Diceva che ha fatto quello che ha fatto per il mio bene, per il mio futuro. Che sono deboluccio e potrei peggiorare in questo lungo inverno. Però io non so quello che ha fatto e non so se ha fatto bene a farlo».

«Ho sette anni e papà pensa che io non capisca certe cose. Però lo vedo triste quando torna a casa tardi la sera. Vorrebbe guadagnare di più per farmi vivere meglio, ma sembra che non sia così semplice. Lo ascolto in silenzio quando di là parla a bassa voce con la mamma. Dice che così non è più possibile andare avanti, che non si riesce a far quadrare i conti. Insieme ai suoi amici ha deciso di non lavorare più a quelle condizioni e di provare a tenere chiusa la fabbrica. Dice che a quel porco padrone si mettono le idee in testa solo quando non lo fai guadagnare. Anche se non so cosa voglia dire questa cosa qua. Dice alla mamma che se resistono un po' di più, per qualche altra settimana, magari riuscirà a migliorare la nostra condizione.

Io vorrei solo passare un po' di tempo con lui. Torna sempre tardi a casa la sera e ogni volta passa in bagno almeno trenta minuti per togliere le strisciate di grasso dalle mani e dalla faccia. Dice che devo studiare per poter diventare un dottore. Dice che non ha sogni per sé, ma per me immagina un futuro in cui non debba dipendere da nessuno.

Io voglio solo giocare un po' con lui, ma spesso si addormenta sulla poltrona di casa mentre controlla il quaderno coi compiti che ho fatto nel pomeriggio. Spero anche che la tosse che ha da un mese gli passi».

«Zio Giacomo, ma questa non è una favola!», interruppe Jazmin.
«Lo so. Scusa. È che oggi al lavoro ho perso due colleghi e più di quello che ti ho raccontato non riesco a pensare. Fammi parlare con la zia, per favore».[3]

---

3 Questa favola è dedicata ad Angelo, Marco e a quei lavoratori che escono di casa la mattina ma non ritornano la sera.

Differenze fra non

«Ciao, Jazmin! Come stai?».

«Bene, zio!», rispose Jazmin.

«Hai già fatto i compiti oggi? Sei pronta per la favola?».

«Oggi non voglio fare i compiti».

«In che senso? Perché?», chiese sorpreso lo zio.

«Non voglio farli. Non mi piacciono, non mi va», rispose scocciata Jazmin.

«Ahia! Allora mi dispiace, ma oggi non posso raccontarti la favola. Però visto che ti voglio bene lo stesso e che la zia dietro di te mi sta facendo gli occhi dolci, ti dirò comunque qualcosa. La conosci la differenza tra i NON?».

«No».

«Allora: ci sono NON belli e NON brutti. Ci sono tanti NON brutti, soprattutto alla tua età. NON mangiare le verdure, NON lavarsi, NON abbracciare la nonna, NON aiutare nelle faccende di casa, NON fare i compiti, NON rispettare i genitori».

«Zio! Ma i NON sono solo brutti! Non esistono i NON belli. È impossibile!», obiettò Jazmin.

«No, mia cara Jazmin. Il mondo è pieno di NON bellissimi. Senti questa:

"C'era un paese in cui NON c'era la guerra. NON si sentivano esplosioni e NON si era minacciati dagli aerei e dai missili. Quindi la gente NON moriva sotto le bombe e i bambini NON perdevano i genitori. E i bambini NON perdevano i genitori perché, NON essendoci guerre, i governi NON potevano spendere i soldi in armi. E quindi li spendevano per far stare meglio la gente. E quindi NON si moriva sul lavoro, NON si moriva per mancanza di cibo e NON si moriva perché mancavano le medicine.

Tutta la gente NON era triste perché NON aveva motivo di esserlo: stava bene ed era felice".

Questi sono i NON più belli del mondo. Però ricorda sempre che sei tu a scegliere i NON della tua vita, quindi attenta!».

Formica d'élite

Formicolìo era una formichina nata in un periodo un po' complicato. Lo Ielts, il formicaio dove viveva, era in guerra col formicaio Mc Arthur, poco lontano.

Formicolìo, nonostante le difficoltà, era sempre propositivo e guardava positivamente alla vita. Proprio per questo motivo aveva deciso di vivere come se la guerra non esistesse e di mettere su famiglia.

I suoi piccoli erano nati da poco quando ricevette una lettera dall'alto comando dell'esercito Ielts: era arruolato nel battaglione d'élite. Dopo alcune settimane di addestramento, Formicolìo fu mandato al fronte. Proprio lì fece amicizie importanti che spesso però avevano breve durata. Vedeva cadere i suoi amici e i suoi nemici a un ritmo folle.

A Formicolìo non piaceva la guerra e faceva di tutto per non farsi prendere dal panico e dalla paura. Un giorno, per provare a non pensare alla fame e al freddo, Formicolìo notò che i nemici del formicaio Mc Arthur usavano le stesse armi che usavano lui e i suoi compagni.

Andò dal suo superiore per chiedere spiegazioni: «Se quelli della Gran Formica S.p.a. vendono armi a entrambi gli schieramenti, non hanno così tanta intenzione affinché il conflitto finisca», ripeteva a tutti i suoi compagni di trincea.

La voce sulla Gran Formica S.p.a. si era diffusa, e allo stesso tempo era diventata nota l'insubordinazione di Formicolìo.

«Se noi moriamo qui e le altre formiche nostre simili muoiono lì, e chi ci vende le armi è la stessa azienda, magari abbiamo sbagliato nemico da combattere!», diceva a tutti quelli che incontrava un risoluto Formicolìo.

In breve tempo Formicolìo fu convocato dai suoi superiori e inviato alla corte marziale.

«Noooo! Zio! Ma poi Formicolìo viene ucciso?».

«No, Jazmin. Le formiche non sono come noi umani. Da noi Formicolìo avrebbe fatto una brutta fine, visto che la corte marziale in circostanze di guerra significa una cosa soltanto. Ma le formiche sono animali più intelligenti di noi e avevano capito la situazione. Formicolìo era demotivato a combattere, quindi fu cacciato con disonore dall'esercito e se ne poté tornare tranquillamente dalla sua famiglia».

Capotreno

«Zio, zio! Eccomi qui! Puntuale come un orologio svizzero! Mi racconti una storia anche oggi?», chiese Jazmin.
«Certamente. L'importante è che il tuo puntualissimo orologio svizzero non spacchi il minuto altrimenti sono guai!», rispose sorridendo lo zio Giacomo.

Bruno era un capotreno della compagnia Ferrovie Stella Polare. Adorava il suo lavoro perché, se fatto bene, riusciva ad aiutare i passeggeri ad andare dove dovevano andare, ad incontrarsi con mogli, mariti e figli, a raggiungere nuove città e nuovi borghi. Quello del capotreno era un lavoro molto difficile perché c'erano sempre mille insidie che potevano far arrivare il treno in ritardo ed era molto complicato superarle tutte. Però Bruno il suo lavoro lo faceva davvero con gusto.
Era una mattina di settembre e Bruno stava controllando i biglietti e i titoli di viaggio quando, nella carrozza numero tre del regionale Fara Sabina - Fiumicino Aeroporto, una voce proferì delle parole curiose. Era la voce di un manager tutto impettito e vestito elegante, che diceva a un suo interlocutore «Quanto mi piacerebbe per una volta non andare a lavorare e andare diretto a Svadicari Quattro». Eh sì, Svadicari Quattro era uno dei pianeti preferiti dalle persone. E proprio quella mattina anche altre persone della carrozza numero tre parlavano di Svadicari.
«Eh, quanto mi piacerebbe vedere le quattro lune di Svadicari Quattro», diceva una nonnina.
«Eh, quanto mi piacerebbe correre sulle quattro sconfinate

distese di erba viola di Svadicari Quattro», diceva un idraulico.

«Eh, quanto mi piacerebbe affondare la testa nelle quattro montagne di gelato perenne di Svadicari Quattro», diceva un ornitologo.

Era talmente forte e diffuso il sogno ad occhi aperti di Svadicari Quattro che la carrozza numero tre del regionale Fara Sabina - Fiumicino Aeroporto si era riempita di sospiri.

A Bruno improvvisamente venne un'idea geniale: perché non deviare un po' il percorso e passare per Svadicari Quattro? Senza dire niente a nessuno, fu a parlare col macchinista che non voleva obbedire ai suoi ordini. Non voleva prendersi la responsabilità del gesto perché diceva di avere moglie e figli a carico. Bruno rassicurò il capotreno che cominciò a deviare il percorso. Ed ecco che piano piano Svadicari Quattro si avvicinava. E piano piano la gente se ne accorgeva e si appiccicava ai finestrini per vedere le quattromila meraviglie di questo pianeta meravigliosamente meraviglioso.

Le quattro lune, le quattro montagne di gelato perenne, le famose quattro statue dedicate ai famosi quattro picchi scalati dai famosi quattro alpinisti.

Svadicari Quattro era davvero bellissimo e tutti rimanevano inebetiti e incollati ai finestrini per non perdere niente dello spettacolo.

«Mi scusi! Io devo andare a lavorare! Come si permette a deviare il percorso senza nemmeno avvisare?!», tuonò improvvisamente il manager vestito elegante.

«Volevate andare tutti su Svadicari e io ho realizzato il vostro desiderio», rispose orgoglioso Bruno.

«Ma co-me si per-met-te a fa-re una co-sa del ge-ne-re!», scandì bene e ad alta voce il manager. «Io devo lavorare, devo fare soldi! Rischio di perdere il posto se non mi presento!».

Bruno guardò il manager con un'espressione di sorpresa e non fece in tempo ad accorgersi che tutte le persone della carrozza tre si erano voltate verso di lui e inveivano a più non posso.

«Io devo andare a fare la spesa!», gridava la nonnina.

«Io devo andare a riparare un bagno!», urlava l'idraulico.

«Io devo andare a fare le cose che devo fare!», gli fece eco l'ornitologo.

Bruno capì che la situazione gli stava sfuggendo di mano e quindi corse velocemente fino al macchinista e lo convinse a riprendere il percorso normale.

Bruno ritornò nella carrozza, si scusò con tutti i passeggeri e fece notare che il treno, nonostante la deviazione, non portava alcun minuto di ritardo. Ma il guaio era ormai fatto. I volti che risplendevano di meraviglia per aver visitato Svadicari Quattro ora erano paonazzi e rabbuiati. All'ultima fermata tutti scesero borbottando.

Qualche giorno dopo Bruno il capotreno venne raggiunto da un uomo in giacca e cravatta che si presentò brevemente e gli consegnò un foglio.

Era una lettera di licenziamento. Le Ferrovie Stella Polare avevano ricevuto tante lettere di protesta per la deviazione su Svadicari Quattro e la dirigenza aveva deciso di togliere l'incarico a Bruno. Il poverino provò a discolparsi, asserì il fatto che quel giorno il treno non aveva portato nemmeno un minuto di ritardo. Ma non ci fu nulla da fare: il cliente ha sempre ragione, anche quando ha torto.

L'uomo in giacca e cravatta si fece apporre una firma su un foglio, salutò con un minimo cenno della testa e scomparve dietro un angolo.

«Povero Bruno», disse Jazmin. «Voleva fare un favore agli altri e adesso non ha più nemmeno un lavoro. Sarà tristissimo...»

«No, Jazmin. Bruno è molto felice. Adesso racconta storie per strada. Siede su una sedia comodissima e ha un cartello in cui spiega cosa sta facendo. Chi vuole si ferma, ascolta una storia e poi gli offre qualcosa da mangiare o gli dà un po' di soldi. A Bruno piaceva tanto fare il capotreno, però sembra molto più felice adesso».

«Non ci credo».

«Jazmin, chi credi che me l'abbia raccontata la storia del capotreno che decise di deviare il percorso per andare a Svadicari Quattro?».

Il signor Vatuttomale

«Jazmin! Ciao! Come va?», domandò improvvisamente lo zio.

«Zio Giacomo! Bene!».

«Jazmin! Ma tu lo sai il vero cognome del signor Vatuttomale?».

«No, zio! Tu lo sai?».

«Non lo so nemmeno io».

«Zio. Zio! Ziioooo!».

Il signor Vatuttomale (II)

«Jazmin! Ciao! Come va?», domandò improvvisamente lo zio.
«Zio Giacomo! Bene!».
«Jazmin! Ma tu lo sai il vero cognome del signor Vatuttomale?».
«Zio! Ma questa domanda me l'hai fatta ieri e poi sei sparito».
«Lo so, Jazmin, ma stavolta parlo sul serio».

C'era una volta il signor Vatuttomale. In realtà il suo vero cognome non era "Vatuttomale", ma nessuno lo ricordava. Infatti, ogni volta che si fermava a parlare con qualcuno, il signor Vatuttomale cominciava a raccontare le sue disavventure.
Gli andava sempre tutto male!
Una volta, il signor Vatuttomale si trovò a percorrere una strada poco fuori Comacchio e arrivò a un bivio. Non sapeva se andare a destra o a sinistra e ripeteva sbuffando: «Qualsiasi strada io prenda, sicuramente sceglierò quella sbagliata e andrà tutto male».
E infatti così fu! Il signor Vatuttomale incontrò i banditi Manrico ed Ernani che lo derubarono e gli tolsero tutto. Rimasto solo, si accasciò al freddo suolo e cominciò a ripetere come un mantra: «Va sempre tutto male, va sempre tutto male».
Dopo aver passato così dieci minuti buoni, il signor Vatuttomale si rialzò e si fece un vestito con le foglie di un platano poco lontano. Arrivò così vestito di natura al villaggio vicino e lì incontrò una ragazza di nome Violetta che, mossa a

compassione, lo ospitò in casa e gli diede alcuni vestiti del padre Amonasro. Il signor Vatuttomale era sicuramente più soddisfatto e più vestito, ma dentro di sé pensava sempre che di lì a poco le cose sarebbero andate male o comunque peggiorate.

E infatti improvvisamente entrò nella casa di Violetta e del padre Amonasro il perfido sicario Sparafucile, che era il promesso sposo della bella Violetta. Amonasro provò a spiegare la situazione, ma il signor Vatuttomale fece appena in tempo a balzare dalla finestra e a evitare le pallottole della pistola di Sparafucile.

Dopo poche centinaia di metri, il signor Vatuttomale cominciò a camminare lentamente e a pensare: «È proprio quando le cose vanno male che sicuramente andranno peggio». E già era tutto intento a immaginare le sue disavventure e le future sfortune.

Camminando tra i suoi pensieri, il signor Vatuttomale arrivò alle mura di un castello. Ormai giungeva la notte e quindi si decise a bussare alla porta d'ingresso. Il signor Vatuttomale fu fatto entrare e fu accolto dalla regina Dellanotte. Gli fu fatta raccontare la sua storia e, dopo aver provocato profonda compassione, fu invitato a cenare con tutti gli ospiti.

Alla tavola della regina Dellanotte c'erano John Falstaff, il conte della luna e la principessa Abigaille. Tutti mangiavano con gusto, compreso il signor Vatuttomale. Però costui, fra sé e sé, pensava che le cose nella vita non vanno mai per il verso giusto e che tutto quel desinare con energia sarebbe stato rovinato da qualche evento storto.

E, proprio in quel momento, il signor Vatuttomale non seppe trattenere uno starnuto talmente forte che rovesciò un calice di vino sulla preziosa tovaglia.

La regina Dellanotte andò su tutte le furie e fece rinchiudere il povero signor Vatuttomale nelle segrete del castello.

Il signor Vatuttomale si ritrovò al buio, nel luogo più dimenticato del regno, e già pensava al peggio. «Questa situazione è pessima, ma vedrai che succederà qualcosa di ben peggiore», diceva fra sé e sé il povero. Aveva appena cominciato a piangere quando un tonfo dall'altra parte della cella lo immobilizzò dalla paura.

«Chi sei?», domandò con voce tremebonda.

«Chi sei?», ripeté terrorizzato, una volta non ricevuta risposta alla domanda precedente.

Dall'altro lato della cella provenne un sospiro che aumentò il respiro del signor Vatuttomale, poi si udì una voce.

«Salve! Mi chiamano il signor Vatuttobene perché non perdo mai l'ottimismo».

«Ma scusa! Siamo rinchiusi nella cella più profonda del regno e tu pensi positivamente? Sei forse matto?», inveì il signor Vatuttomale.

«Chi ha un animo positivo incontra sempre gente dall'animo positivo e sempre gli accadono cose positive», rispose il signor Vatuttobene.

«Ah, sì!? E dimmi! Quale meraviglioso accadimento ti ha portato in questo meraviglioso posto con questa meravigliosa vista sul meraviglioso buio?», domandò stizzito il signor Vatuttomale.

«Mi trovavo in un paesello non troppo lontano da qui quando mi imbattei in Gilda, la ragazza più meravigliosa di questa parte del mondo. Me ne innamorai profondamente, ma suo padre, messer Rigoletto, era contrario a che io la sposassi. Allora Gilda convinse il padre ad andare dalla zingara Preziosilla che predice il futuro per vedere se c'erano problemi alla nostra unione. Preziosilla guardò con intensità la sua sfera di vetro e poi disse a tutti i presenti che la nostra unione sarebbe stata felice, a patto che fossi riuscito nell'impresa di uscire vivo dalle segrete del castello della regina Dellanotte. Con un pretestò mi feci arrestare ed eccomi qui!».

«Quindi tu sei venuto in questo luogo volontariamente e per amore di una ragazza?», domandò incredulo il signor

Vatuttomale.

«Certamente. La più meravigliosa ragazza! Sempre devi guardare al lato positivo della vita, mio caro amico», rispose il signor Vatuttobene.

«Mi hai convinto!», disse deciso il signor Vatuttomale. «Ma adesso come facciamo ad uscire di qui? È buio e tutto mi sembra impossibile!».

Il signor Vatuttomale non ebbe risposta, nel frattempo il signor Vatuttobene si era avvicinato alla porta della cella.

«Mi scusi, buon uomo», fece il signor Vatuttobene alla guardia carceraria. «Non è che ci aprirebbe la porta della cella e ci farebbe uscire?».

«Certamente!», rispose la guardia, e aprì la porta.

I due prigionieri uscirono tranquillamente dalle segrete e dal castello della regina Dellanotte e si salutarono con un abbraccio. Da quel giorno il signor Vatuttomale migliorò la sua vita. Cominciò a pensare che sarebbe andato tutto bene e le cose cominciarono veramente ad andargli bene, tanto che tutti proposero di chiamarlo "il signor Vatuttobene2". Ma lui, orgoglioso del suo percorso emotivo, preferì farsi chiamare col suo vero cognome e da quel giorno fu per tutti il signor Merra.

«Zio! Finalmente una favola che finisce bene!», esclamò entusiasta Jazmin.

«Jazmin! Ma tu lo sai il vero cognome del signor Vatuttobene?».

Coltivare

«Zio Giacomo! Zio Giacomo! Mi racconti una favola?».
«Certamente, Jazmin», rispose lo zio Giacomo. «Questa favola è nuova nuova! Me l'ha raccontata Karl, il mio amico di Treviri».

C'era una volta, nella regione del Palatinato, il signor Cinci, un uomo che possedeva tantissime terre. Molte di queste rimanevano incolte perché non voleva pagare il giusto i contadini e quindi in pochi rimanevano a lavorare per lui. E anche chi lavorava per lui alla fine si licenziava perché non ce la faceva più a tirare avanti.
Il signor Cinci decise allora di chiamare a sé gli unici tre contadini che rimanevano alle sue dipendenze. Era la fine del diciottesimo secolo e il signor Cinci si decise a provare le nuove idee che avevano cominciato a girare all'epoca. Fare del bene, aiutare gli altri, queste sconosciute!
I tre contadini si presentarono nella dimora del signor Cinci vestiti con quei pochi stracci che possedevano. Il padrone era nauseato dal pessimo odore che i tre emanavano, ma fece di tutto per non darlo a vedere. Lui era il proprietario del palazzo e lui era quello che li aveva chiamati!
Il signor Cinci si alzò in piedi e i tre contadini cominciarono a tremare. Il signor Cinci assunse un portamento solenne, si impettì e cominciò a parlare. La sua voce risuonava per tutta la sala.
«Ordunque, villici. Siete gli unici a essere rimasti con me nonostante vi abbia vessato e sottopagato. Da oggi proverò a

cambiare un po' le cose. Chiamerò nuova forza lavoro e la pagherò il giusto. E voi tre! A voi darò un pezzo della mia terra. Ci rivedremo fra un anno e mi porterete i frutti del vostro raccolto. Se il raccolto sarà buono e vi sarete dimostrati capaci, vi regalerò la terra. Altrimenti...»

E subito il signor Cinci batté forte il pugno su un tavolo lì vicino.

I tre contadini corsero subito dalle rispettive famiglie per riferire la cosa e mettersi al lavoro. C'era da fidarsi? Difficile credere alle parole se vengono da una persona che coi fatti dimostra il contrario...

Passò un anno e i tre contadini si ripresentarono alla dimora del signor Cinci e si prepararono a mostrare una selezione del loro raccolto.

Il signor Cinci si sedette su una sedia preziosissima e disse: «Ordunque!». E fece cenno di avvicinarsi con una mano al primo contadino.

Il primo contadino si avvicinò timorosamente, portando al cospetto del signor Cinci una pesante cassa di legno con dei frutti gialli.

Il signor Cinci prese in mano un frutto, lo tastò bene, lo aprì per sentirne il profumo e ne assaggiò un pezzo.

«Buonissimo!» esclamò. «Complimenti! Cosa hai coltivato?».

«Ho coltivato tellacchie, signor Cinci», rispose il contadino.

«Bravo! Il campo che hai coltivato è tuo! Prendi questo foglio: è l'atto di proprietà di quel terreno».

«Mi scusi, signor Cinci, io non so leggere», rispose timorosamente il contadino. E il benefattore, preso da uno slancio di altruismo, tese il foglio e lo lesse al contadino analfabeta per dimostrargli che non scherzava.

Il contadino per la felicità corse fuori dalla dimora del signor Cinci saltellando. Era talmente felice che si scordò di prendere con sé la cassa con i frutti da lui coltivati.

Il signor Cinci, stavolta silenziosamente, tese il braccio verso il secondo contadino, facendogli il gesto di portarsi al suo cospetto insieme alla cassa.

Come aveva fatto per il primo contadino, il signor Cinci prese un frutto rosso rosso, lo tastò bene, lo sbucciò per sentirne la fragranza e ne assaporò un pezzettino.

«Incredibile! Eccezionale!», esclamò. «Complimenti! Che cosa hai coltivato?».

«Ho coltivato petilli, signor Cinci», rispose orgoglioso il contadino.

«Molto bene! Il campo che hai coltivato è ora tuo! Ecco anche a te l'atto di proprietà, te lo sei meritato».

Nemmeno il secondo contadino sapeva leggere, ma era talmente felice che regalò la cassa di frutti al suo vecchio padrone e corse a casa. Il foglio se lo sarebbe fatto leggere da un suo amico che qualche parola l'aveva imparata, ma prima voleva dirlo alla famiglia.

Il signor Cinci fece un cenno all'ultimo contadino. Questi si avvicinò e portò tutto fiero la cassa con i suoi prodotti. Il signor Cinci ne prese uno in mano. Era grigio alla vista e ben maturo al tatto. Entusiasta per la consistenza lo aprì, ne prese uno spicchio e lo mangiò.

PUAAAAAA!!!

Il signor Cinci sputò subito il frutto coltivato dal terzo contadino.

«Che schifo! Che amaro! Ma che frutto hai coltivato?».

«Ho coltivato odio, signor Cinci. Era la cosa più veloce e facile da far crescere!».

Il signor Cinci si arrabbiò talmente tanto che si alzò di scatto in piedi, diede un calcio alla cassa piena di odio e la rovesciò. Imperioso come non mai, tese il braccio verso l'uscita.

«Vattene via! È così che ripaghi la mia volontà di rimediare a un sopruso? Non farti vedere mai più!». E rimase in piedi fino a quando il villico non fu uscito.

Il signor Cinci rimase ore ed ore a camminare in circolo pensando a questo fatto. «Come mai?», si chiedeva; «Perché?», si domandava. Non ci dormì la notte.

Il giorno dopo andò a cavallo al campo coltivato a odio e vide che la terra era tutta rovinata e secca, e tornò a casa triste.

«Zio Giacomo! Zio Giacomo! Ma poi il signor Cinci con cosa lo ha coltivato quel campo?».

«Con niente, Jazmin; con niente», rispose lo zio. «L'odio è difficilissimo da cancellare perché è una pianta che attecchisce subito e ha radici molto profonde. Di solito passano mesi o addirittura anni prima di poter lavorare su un campo precedentemente coltivato a odio. A volte aiuta il passare del tempo, a volte quel campo non si riesce a coltivare mai più».

Tu corri

Rodomonte era un bambino nato in una famiglia piuttosto agiata. Era cresciuto bene all'ombra del padre che era uno dei cavalieri più importanti del re Membrino. Era felice, era coccolato ed era allevato al meglio. Quando era piccolo fece amicizia con un piccolo draghetto e i due stavano sempre insieme. Un giorno, però, il piccolo draghetto iniziò a sputare fuoco e Rodomonte lo scacciò.

Rodomonte crebbe forte e vigoroso e anche lui diventò uno dei cavalieri preferiti del re Membrino. Aveva una fidanzata bellissima e già aveva fatto progetti per il futuro assieme a lei, quando un giorno accadde una cosa tremenda: il draghetto riapparve. Purtroppo per lui il draghetto non era più un draghetto, ma un drago vero e proprio. Occhi cattivi, pelle squamosa e metallizzata, coda forte e lunga, ali e artigli che mettevano paura a ogni movimento. Il drago guardò Rodomonte e cominciò a sputare fuoco verso di lui.

Rodomonte con un balzo saltò in groppa al suo destriero e scappò. Scappò in un paesino lontano, dove vivevano poche persone. Qualche giorno per trovare una buona sistemazione visto che i soldi non gli mancavano e poi cominciò a farsi conoscere dai vicini e a lavorare.

Purtroppo però l'enorme drago riapparve. Rodomonte fece appena in tempo a risalire sul suo destriero e a scappare al galoppo. Tre giorni e tre notti di fuga, con delle brevi fermate per far riposare il suo povero cavallo. Rodomonte cambiò regione, cambiò regno, cambiò continente e si rifugiò in un vecchio mulino abbandonato alle pendici del monte Sonia. Lì sarebbe stato al sicuro, non c'era anima viva intorno a lui.

Rodomonte non si perse d'animo e decise di risistemare il vecchio mulino. Un po' rimpiangeva la vita di corte e un po' sospirava ricordando la sua promessa in sposa, però era un passato lontano chilometri e chilometri.

La vita era dura per Rodomonte, ma in meno di una settimana aveva già riparato il tetto del mulino e si era già costruito un letto confortevole. Mentre era presso il fiume intento a prendere dell'acqua, Rodomonte vide in alto nel cielo una nuvola grigia che si muoveva a tutta velocità. Socchiuse un poco gli occhi per vedere meglio e capì cosa stava accadendo: l'enorme drago lo aveva trovato e stava volando a tutta velocità verso di lui.

Rodomonte lasciò di scatto l'otre quasi pieno e corse verso il mulino. Saltò con un fantastico balzo sul suo fidato cavallo e cominciò a scappare. Percorsi duecento metri a perdifiato e controvento, Rodomonte fermò il cavallo e si girò verso il drago. Mise la mano sull'elsa della spada e urlò con tutta la voce che aveva in corpo.

«Chi sei?!», gridò Rodomonte.

Il drago fece due velocissimi giri sopra la testa del fuggitivo e poi scese davanti a lui. Le ali aperte facevano ombra e incutevano terrore.

«Perché insegui solo me?», urlò Rodomonte.

«Perché tu ti lasci inseguire. Sono il drago delle tue paure. Sta a te decidere se affrontarmi qui in campo aperto o scappare. Ricorda, però, che so sempre dove trovarti e che non mi stancherò mai di inseguirti», tuonò il drago della paura.

E Rodomonte strinse ancor di più la mano attorno all'elsa della sua spada.

A raccontare storie

Ogni domenica Lorenzo, assieme ai suoi genitori, va a pranzo a casa dei nonni. Una casetta né troppo grande né troppo piccola, né troppo al centro né troppo alla periferia della città di Rovigo.

Come ogni domenica, Lorenzo finisce velocemente il pranzo e aiuta gli adulti a sparecchiare perché sa cosa lo aspetta. Salta sul nonno molto anziano, purtroppo ridotto su una sedia a rotelle. Tranquillo per la presenza del cavaliere, in groppa a questo cavallo metallico con le ruote, Lorenzo è accompagnato nel salotto.

«Nonno! Nonno! Mi racconti una storia?», chiede Lorenzo.

«Certamente, ma prima un indovinello!», risponde l'anziano nonnino.

è un piccolo albero dal cuore duro
che fissa i pensieri,
che cosa è?

Lorenzo ci pensa su, ci pensa ancora, ma non giunge a una risposta. «Un alberello?», prova timidamente a rispondere...

«No, Lorenzo. È la matita!», rideva il nonno.

«Dai, nonno! Una storia!».

«Va bene. Una volta, stavo in campagna nel nord Italia, quando dalla finestra che era rimasta aperta entra un piccione viaggiatore. Sai come si distingue un piccione viaggiatore da uno normale? Quelli viaggiatori hanno legata alla zampetta destra una specie di tubicino dove si possono mettere dei messaggi.

Il piccione mi si accovaccia in grembo e si mette a zampe all'insù! Prendo allora il messaggio che ha per me e lo leggo:

AIUTO! QUI IN MONTAGNA HA NEVICATO E SIAMO RIMASTI BLOCCATI. ABBIAMO ABBASTANZA LEGNA PER RISCALDARCI MA SIAMO RIMASTI SENZA CIBO!

Allora, risoluto, mi decisi ad aiutare queste persone. Presi tutto il cibo che avevo in casa, salutai la tua nonnina e presi il sentiero che portava in cima alla montagna.

Dopo due ore ancora non ero arrivato. Anzi! Mancava tantissima strada ancora. Però il problema era un altro.

Un'orsa bruna gigante si parò davanti a me. So che non voleva farmi del male, ma aveva un disperato bisogno di dar da mangiare ai propri cuccioli. Voleva aggredirmi; ma le dissi di aspettare. Mi tolsi lo zaino, presi tre pesci - due per i suoi cuccioli e uno per lei - e glieli donai. L'orsa mi strinse la mano e mi sorrise. Mi ringraziò e mi augurò buon viaggio.

E così continuai a salire per portare il cibo alla gente che era rimasta bloccata in montagna.

Dopo un'altra ora incontrai un ghiro. Era tutto ferito e non potevo lasciarlo lì; quindi lo presi, gli fasciai la zampetta e lo riportai nella sua tana.

Il ghiro mi ringraziò e mi augurò buon viaggio.

Salutai il ghiro e ripresi a salire la montagna. Ero quasi arrivato quando ad un certo punto...»

I genitori di Lorenzo erano nella stanza adiacente e osservavano di nascosto con occhi d'amore la scena del figlio che era tutto assorto ad ascoltare i racconti del nonno.

La mamma si girò verso il marito e gli chiese: «Quando diremo a Lorenzo che tuo padre è paralizzato alle gambe sin dalla nascita?».

«Quando Lorenzo si accorgerà da solo che è sulla sedia a rotelle in tutte le foto che ha. In quel momento dovremo essere molto bravi a fargli capire che il nonno non gli ha mai mentito».

Disegnare alberi

«Zio Giacomo! Zio Giacomo! Mi racconti una favola?».
«Certamente, Jazmin», disse lo zio Giacomo. «Questa favola me l'ha raccontata la mia amica Florencia che vive a Posadas».

Fernanda era una donna un po' particolare. Aveva una malattia un po' strana che aveva nella testa: era quasi normale, ma non poteva lavorare, quindi girava la città col suo simpaticissimo cagnolino Toto. Faceva foto a gente che lavorava e cercava oggetti lasciati per strada per pulirli, ricostruirli e dargli nuova vita. Era sempre trattata male perché vestiva in modo strano e perché a volte teneva un banchetto nella piazza più grande di Posadas. Di solito lo teneva il venerdì, il sabato e la domenica. Sul banchetto c'era un grande quaderno e tantissimi pennarelli colorati e tutto attorno delle sedie e degli sgabelli.
Fernanda aveva un sogno ed era quello di far disegnare a tutti i bambini del pianeta un albero. Voleva stampare un libro, ma gli adulti non gliene diedero la possibilità, quindi si ritirò a vita privata in un paesello sperduto. Ormai gli alberi erano fuori moda, visto che gli scienziati avevano inventato un particolare tipo di finestra che trasformava l'anidride carbonica in ossigeno.
Purtroppo, però, dopo anni, si scoprì che l'ossigeno prodotto da queste particolari finestre era di cattiva qualità: tutti i neonati nascevano deboli e grigi. Non di quei bellissimi colori che siamo abituati a vedere adesso: neri, bianchi, gialli e rossi.
I libri erano stati bruciati durante la festa di primavera del 2021 dove venne introdotto il supporto totale digitale e, purtroppo, il

supporto totale digitale era stato resettato durante il lungo blackout out del 2031.

I saggi di Posadas si riunirono nella sala conciliare della città e decisero di provare a ricreare gli alberi: ne avevano la tecnologia, ma purtroppo non riuscivano a trovare il giusto modello da riprodurre. Uno dei saggi si ricordò che una volta, da bambino, la madre lo portò al banchetto di una signora che gli fece disegnare un albero su un grande quaderno. Dopo approfondite ricerche, riuscirono a scoprire che si chiamava Fernanda e a sapere dove era andata a vivere.

Il consiglio intero di Posadas si recò davanti a una piccola baracca di legno sulle rive del fiume Paraná. Il capo dei saggi bussò alla porta e una vecchissima signora Fernanda uscì in compagnia del suo Totìn, il figlio del figlio del figlio del figlio del cane Toto. Fernanda ascoltò le richieste del consiglio dei saggi, rientrò in casa e ne uscì con un quaderno grandissimo. Prese foglio per foglio di quel quaderno e li sparse per terra e su quel terreno c'erano tantissimi tipi di alberi: alti, bassi, grandi, piccoli, biramici, sempreverdi, montani.

«Zio! Ma quindi la signora Fernanda salvò il mondo grazie a dei disegni di alberi?», chiese Jazmin.

«Sì. Ogni anno, dal 2046, il 26 di settembre si festeggia in tutto il mondo la nascita di Fernanda, l'amica degli alberi. Quella che ha fatto sì che i bambini del mondo potessero di nuovo nascere neri, bianchi, gialli e rossi».

Il segreto di Sohiti

Giovanni Fagellano, che su alcuni libri è scritto col suo vero nome di Johannes Fagelius, è stato uno degli esploratori più importanti degli ultimi secoli.

Il suo vascello Spirit of Discovery solcò tutti i mari del pianeta Terra e fu protagonista di mille avventure. Fagellano era coadiuvato dai suoi tre fidati aiutanti: Rosso, Biondo e Moro. Li aveva conosciuti girando per il mondo e, visto che non era mai stato bravo ad inventare nuovi nomi, li chiamò prendendo spunto dal colore dei loro capelli.

Fagellano e i suoi aiutanti viaggiavano in lungo e in largo per scoprire nuovi luoghi, nuovi popoli e nuove specie animali.

Dopo settimane di navigazione, Biondo scorse dall'alto dell'albero di prua l'isola di Sohiti.

«Capitano! Terra!», gridò con tutte le forze Biondo e capitan Fagellano ordinò a Moro di dirigere la nave verso il porto che si intravedeva poco distante.

Le leggende narravano di un'isola dove gli uomini erano alti e muscolosi e le donne bellissime, dove l'agricoltura prosperava e le piante da frutto regalavano quintali e quintali di cibo al giorno. Le strade erano lastricate di marmi pregiati e i palazzi erano lucenti di opulenza.

Fagellano supervisionò le operazioni di sbarco e, una volta preso accordi col capo del porto, si fece un giro dell'isola. Tutto quello che si diceva dell'isola di Sohiti sembrava non avere un riscontro reale: gli abitanti non superavano il centinaio di unità, le case erano di legno e paglia, soltanto alcune strade erano ciottolate. «Ma quale isola leggendaria! Qui fanno fatica a mangiare!», disse Rosso scrollando la testa.

Fagellano più girava e più si ricredeva di ciò che aveva letto. Andò quindi dal capo villaggio per parlargli. Era fortunato perché Moro conosceva tantissime lingue e poteva fare da traduttore.

«Mi scusi, signor capo villaggio», disse Fagellano. «Come mai gli abitanti di quest'isola sono pochi e le strade e le infrastrutture sono fatiscenti?».

L'anziano capo villaggio si sedette e fece accomodare i quattro avventurieri, dopo di che cominciò a narrare una storia.

«Qualche tempo fa abbiamo avuto un periodo di crisi. Gli alberi non producevano più frutti, i campi non rendevano più, la pescosità del mare si era ridotta di molto. Fu indetta allora una seduta straordinaria del consiglio cittadino e fu deciso che, per poter andare avanti tutti insieme, avremmo ridotto il poco cibo in parti uguali: avremmo mangiato tutti, ma avremmo mangiato meno. E così fu fatto per il resto delle risorse».

Durante il mese seguente, Giovanni Fagellano ebbe l'occasione di riflettere molto sulle parole del capo villaggio, ma non si creò in lui un'idea molto positiva degli abitanti dell'isola di Sohiti.

Appena riparato e caricato il vascello con viveri e oggetti di consumo, Fagellano e la sua ciurma partirono alla volta di un'isola che distava soltanto cinque o sei miglia marittime.

Dopo nemmeno due ore di navigazione, la Spirit of Discovery attraccò. Subito fu costruito da Rosso un campo base, con fuoco e tende.

L'isola si presentava completamente disabitata, anche se c'erano segni del passaggio dell'uomo. Case preziose in rovina, strade che si notava che una volta erano ben tenute e un senso mistico di regalità.

La prima notte si cenò attorno al fuoco che Biondo aveva preparato e acceso. L'indomani la sveglia fu presto. La spedizione si diresse verso una montagna alta e coperta di vegetazione. A metà strada Moro scoprì una grotta con delle fantastiche incisioni rupestri. Per lui era un gioco da ragazzi interpretare la scrittura delle pareti.

«Signor Fagellano! Queste iscrizioni narrano la storia del popolo dell'isola di Ciàui».

«Ottimo!», rispose Fagellano a Moro. «Dimmi cosa c'è scritto e dillo ad alta voce, così anche Biondo e Rosso riescono ad ascoltare».

«Si parla di un periodo di crisi. Il popolo dell'isola di Ciàui era prospero e operoso. Purtroppo però venne un periodo di crisi. Gli alberi non producevano più frutti, i campi non rendevano più, la pescosità del mare si era ridotta di molto».

«La stessa cosa che dovettero affrontare gli abitanti di Sohiti!», esclamò Rosso.

«Fu indetta allora una seduta straordinaria del consiglio cittadino», continuò Moro seguendo a fatica le incisioni rupestri. «Fu deciso che dal quel momento in poi la gente avrebbe mangiato in base alle ricchezze: il più ricco avrebbe avuto a disposizione più cibo, il più povero avrebbe ricevuto soltanto una piccola razione. Il consiglio approvò grazie al voto decisivo dei consiglieri più potenti e da quel momento si decise di seguire questo precetto alla lettera. Purtroppo però la popolazione si ridusse di parecchie unità e i rimanenti non riuscivano più a seguire il lavoro nei campi. Non ci fu nessuna ripresa dalla crisi e in breve tempo fame e malattie decimarono e poi annullarono la popolazione locale. Signor Fagellano! Questa incisione sembra sia stata realizzata dall'ultimo abitante di Ciàui oltre venti anni fa!», disse Moro.

Fagellano e la sua ciurma collezionarono disegni, foglie e pietre e poi ripartirono alla volta dell'isola di Sohiti. Appena ridisceso, Fagellano trovò la gente di Sohiti differente. Era uguale a prima, però adesso la guardava con occhi differenti. E notò che la gente sorrideva molto anche se aveva poco. E capì che erano felici, perché potevano permettersi di esserlo in quanto vivi.

Dimenticarsi

«Ciao, Jazmin! Come va? Oggi ti racconterò una favola che mi ha raccontato un signore che ho incontrato per strada. Si chiama Alfonso e vive al Quarticciolo. Sei pronta?», chiese lo zio Giacomo.
«Sì, zio. Prontissima!», rispose Jazmin.

Alfonso Usiello era un ragazzo che ricordava tutto. Sin da bambino aveva sviluppato quello che per molti era un dono. In famiglia ricordava a memoria tutti i compleanni e tutte le scadenze delle tasse da pagare e a scuola ricordava tutte le date della storia e tutte le formule matematiche.
Alfonso cresceva, ma, nonostante la vita piena di attività, il suo dono non accennava a scomparire. Era considerato la memoria storica del quartiere: ricordava tutti gli avvenimenti e le date e le ricorrenze del Quarticciolo. Tutti gli chiedevano informazioni o ricordi, racconti o date. Non scriveva le poesie che componeva perché aveva deciso di ricordarle a memoria: un po' per una questione di allenamento, un po' perché, raccontata a voce e al momento, la poesia acquistava un valore personale e distinto ogni qualvolta veniva decantata.
Alfonso non doveva scrivere nemmeno la lista della spesa che gli faceva la moglie. Tutti gli uomini del Quarticciolo (e del mondo) si facevano dare la lista della spesa dalle rispettive mogli per paura di ritorsioni una volta ritornati a casa senza aver comprato una o due cose, ma lui no: la sua super memoria lo aiutava a ricordare la lista della spesa di quel giorno e quelle di tutti i giorni passati.

Alfonso era molto attivo anche in politica: ricordava tutte le dichiarazioni di tutti i candidati, attaccava manifesti, distribuiva volantini, inventava nuovi slogan per gli eventi e le manifestazioni. Insomma: Alfonso era impegnatissimo e stava sempre in giro.

Il tempo passava e la gente invecchiava, ma ad Alfonso lo vedevano sempre attivissimo, girare qua e là, saltare ancora come quando era ragazzo. Aveva i capelli bianchi, ma nemmeno troppi per la sua età.

Un giorno i suoi amici più stretti si avvicinarono a lui per fargli un discorsetto: «Noi siamo tutti invecchiati, chi più e chi meno bene, ma tu sembri rimasto quello di una volta! La super memoria, ancora salti come quando eravamo giovani, sei sempre in giro a fare cose e vedere gente: ma come mai per te il tempo sembra non passare mai?».

Alfonso rimase sorpreso dalla domanda e sbattendosi il palmo della mano sulla fronte rispose: «Urka! Mi sono dimenticato di invecchiare!».

Terzo tempo

«Zietto! Zietto! Mi racconti ancora una storia sui ciriolini? Per favore!», chiese con molta energia Jazmin.
«Va bene. Questa storia me l'ha raccontata Eléna, la figlia della signora Gilberta di Ghezzano».

I ciriolini del monte Verruca sono degli animaletti carini e molto tranquilli. Però non sempre. Ai ciriolini piace tantissimo il Saltacrocchio, uno sport molto comune in quelle zone.
L'incontro più sentito è da sempre quello tra i ciriolini di Sopramonte e quelli di Sottomonte. Ogni mese le due tifoserie si ritrovavano nell'arena e assistevano al match, dopo di che uscivano fuori e cominciavano a litigare.
«Il nostro campione Boletto dice sempre che la squadra viene prima di tutto», dicevano quelli di Sopramonte.
«Il nostro campione Silgardo dice che viene prima di tutto la squadra», dicevano quelli di Sottomonte.
E giù a spingersi, a tirarsi le barbette lanuginose, ad arruffarsi i filannini sul dorso e a farsi aria con la codina arricciata che non smette mai di girare.
Il mese dopo ancora un'altra partita di Saltacrocchio e ancora accese discussioni dopo l'incontro appena fuori dall'arena.
«Il nostro campione Cincerro dice sempre che il Saltacrocchio è fantastico perché è un gioco e non è un lavoro», dicevano i ciriolini di Sopramonte.
«Il nostro campione Crato dice che il Saltacrocchio non è un lavoro. Che è fantastico perché è un gioco», dicevano i ciriolini di Sottomonte.

E giù a spingersi, a tirarsi le barbette lanuginose, ad arruffarsi i filannini sul dorso e a farsi aria con la codina arricciata che non smette mai di girare.

Questo successe due, tre, quattro volte. Poi mamma Fiordespina, la madre di uno dei ciriolini di Sottomonte che tornava sempre pieno di graffietti e lividini, si scocciò e decise di andare a vedere la partita.

Subito fuori l'arena i ciriolini di Sopramonte e quelli di Sottomonte cominciarono a litigare.

«Il nostro campione Sorro dice che si vive meglio se si gioca a Saltacrocchio», dicevano i ciriolini di Sopramonte.

«Il nostro campione Sarchio dice che giocare a Saltacrocchio aiuta a vivere meglio», dicevano i ciriolini di Sottomonte.

Le due tifoserie di ciriolini avevano già preparato i loro filannini e le loro codine per affrontarsi, quando la mamma Fiordespina si mise in mezzo a loro.

«Ma non vi rendete conto che state dicendo la stessa cosa, seppur in modo diverso?», disse Fiordespina.

I ciriolini delle due tifoserie si guardarono tra loro e capirono che quello che aveva detto Fiordespina era vero. E da quel momento ogni volta che c'è una partita di Saltacrocchio fra le squadre di Sopramonte e di Sottomonte è sempre una gran festa. Durante le partite si cantano canzoni e coretti positivi e dopo le partite si fanno delle splendide grigliate di bacche dolci e di petilli e si beve dell'ottimo nettare di genziana.

Partire per...

«Ciao, Jazmin! Come è andata?».
«Ciao, zio!», rispose Jazmin. «Oggi con la zia Veronica e Pancho abbiamo camminato fino al fiume. Sono un po' stanca, ma me la racconti lo stesso la favola?».
«Certamente, Jazmin!».

Lodovico Brandimarte era un famosissimo scienziato. Quando non stava sui libri era nel suo laboratorio a inventare nuove macchine e meccanismi.
Si impegnava molto per migliorare il mondo attorno a sé, ma vedeva un peggioramento ogni giorno che passava. Allora si decise a trasferire tutti i suoi libri e gli alambicchi nel suo laboratorio mobile e si trasferì in un'altra nazione. Lì di sicuro la ricerca era più aiutata e finanziata.
Però i problemi erano gli stessi! La gente sporcava sempre di più il mondo, provava a ingannarsi alla prima occasione, provocava guerre, pestilenze e carestie.
Lodovico Brandimarte non ce la faceva più, quindi decise di realizzare la sua ultima invenzione terrestre: una mitica navicella spaziale, tutta metallizzata e piena di lucine fosforescenti. Avrebbe viaggiato in giro per l'universo per trovare un posto dove la gente era meno cattiva e meno apatica.
Dopo due giorni solaricosmici arrivò su un nuovo pianeta.
Appena sceso chiese ad un passante (aveva un traduttore istantaneo che traduceva tutte le lingue dell'universo) come si chiamava il pianeta dove era appena giunto.
«Alfa Cerbiatti, nella galassia di Sìonò!», gli rispose il

cerbiattano. Lo scienziato Brandimarte rimase meravigliato dalla nuova atmosfera: le macchine non avevano le ruote e nemmeno il volante, i semafori avevano sì tre colori, ma erano il blu, il grigio e l'ocra, il cielo era verde ed era illuminato da tre lune. «Bellissimo posto», pensò Lodovico. «Mi stabilirò qui!».

Però dopo tre o quattro giorni Lodovico Brandimarte ci ripensò. Ok le tre lune, ok le lenzuola e i vestiti che non si stropicciano, però anche qui ci sono gli stessi problemi presenti sul pianeta Terra. Anche i cerbiattani sporcavano a terra e non si interessavano di tenere pulito il loro pianeta, anche i cerbiattani provocavano guerre, pestilenze e carestie.

Si decise quindi a mollare tutto e tornare alla ricerca, ma dopo essere stato anche su Mannio nella galassia di Ostreghet e su Galenio nella galassia di Pòtapo, Lodovico perse le speranze. Sempre gli stessi problemi.

Quindi, sconsolato, si decise a cercare un pianeta deserto dove poter rimanere solo a riflettere. La scelta ricadde su Buemios nella galassia di Graxix.

Appena atterrato, Lodovico scese la scaletta della sua navicella e si accomodò a terra per pensare. Di lì a poco gli si palesò davanti un alieno tutto verde e viola che si sedette accanto a lui. Anche lui aveva un traduttore istantaneo che traduceva tutte le lingue dell'universo all'istante.

«Ciao, mi chiamo Borg Bjork e sono originario del pianeta Alca Sette. Come ti chiami? Che ci fai qui?».

«Ciao, mi chiamo Lodovico. Sono uno scienziato e sono partito dal pianeta Terra per cercare un posto migliore nel quale vivere. Mi sono stufato di rimanere su un pianeta dove gli abitanti fanno a gara a chi odia di più e a chi provoca più male».

«A chi lo dici», rispose Borg Bjork. «Io sono partito da ben dodici annoni solaronicosmiconi per lo stesso motivo. E ti posso dire che i pianeti dell'universo hanno quasi tutti gli stessi problemi perché quelli che li potevano risolvere hanno smesso di lottare e hanno cambiato pianeta come abbiamo fatto noi».

«Zio Giacomo! Ma se cambi pianeta e hai gli stessi problemi, poi che fai? Come si risolve la cosa?».
«Eh, Jazmin. Non te lo so dire. Borg Bjork non glielo ha mica detto a Lodovico Brandimarte», rispose lo zio.
«E quindi?».
«Proprio non lo so, Jazmin... Però Lodovico Brandimarte l'ho incontrato due giorni fa alla riserva naturale della Marcigliana. Ha detto che sta lavorando ad un progetto importantissimo e fondamentalissimo».

A toccare le pietre

«Zio Giacomo! Zio Giacomo! Come va? Sono già pronta per la favola di oggi», disse Jazmin.
«Qui tutto bene», rispose lo zio. «Anche io sono pronto per raccontarti una favola. Questa me l'ha raccontata un venditore di carte di Cartonia».

Filippo Innocenti era un bambino di circa otto anni che viveva in una casa in montagna nei pressi di Rocereto. Un giorno si svegliò ed ebbe un'idea incredibile. Si lavò i denti e il viso, uscì di casa e percorse una trentina di metri, fino a una pietra grande e bianca. Prese la mano, la mise sulla pietra, e con il pollice strusciò per tre volte la superficie levigata. Poi corse di nuovo dentro casa per fare colazione e prepararsi per andare a scuola. La sua scuola era molto lontana e ci metteva quasi due ore per arrivarci a piedi, visto che all'epoca le scuole erano solo nei centri delle città e non decentrate nei paeselli.
La vita trascorreva in fretta e monotona, tra scuola alla mattina e badare alle pecore al pomeriggio. Però, ogni mattina, Filippo trovava il tempo per uscire di casa e passare tre volte il pollice sulla pietra grande e bianca.
Filippo crebbe, trovò lavoro, si fidanzò e poi si sposò. Con la moglie Caterina si trasferirono proprio nella casa dei genitori. Nonostante le cose da fare per andare avanti nella vita fossero aumentate, Filippo trovava sempre il tempo per uscire la mattina da casa e strusciare il pollice sulla pietra grande e bianca per tre volte.
La vita proseguiva e Filippo e Caterina stavano per avere un

figlio, ma la guerra chiamò per il tributo di uomini e Filippo non poté rifiutare la chiamata. Caterina era triste, ma Filippo di più. Come unica richiesta alla moglie si fece promettere che in sua assenza lei avrebbe strusciato il pollice sulla pietra per lui.

La guerra durò quattro lunghi anni e ci vollero altri due mesi affinché Filippo tornasse a piedi dal fronte. Caterina aveva preparato una buonissima cena con le poche cose che aveva in casa e accolse Filippo nella miglior maniera.

Il mattino seguente Filippo si alzò e decise di combattere l'orrore della morte e della guerra con la vita e la pace, quindi si lavò, uscì di casa, percorse i trenta metri che lo dividevano dalla pietra grande e bianca e ci strusciò sopra il pollice per tre volte. Poi decise di dipingere la casa di mille colori.

E nel frattempo la vita scorreva. Filippo e Caterina ebbero tre figli, i figli crebbero e iniziarono la scuola. E come ogni giorno Filippo usciva fuori di casa, con la pioggia o con il sole, a strusciare per tre volte col pollice la pietra grande e bianca.

Nessuno in famiglia si permise mai di fargli delle domande. «Sarà un artista? Sarà un mago? Sarà matto? Sarà scaramanzia?»; le ipotesi erano molte e rimanevano latenti nella mente dei familiari.

La normale vita di Filippo proseguì tranquillamente: il lavoro, i figli che crescono, l'inizio della vecchiaia, i figli che si trasferiscono in città per studiare e lavorare, la pensione, i nipotini. Ma sempre, ogni mattina, Filippo si alzava, si lavava e usciva fuori a strusciare il pollice sulla pietra grande e bianca.

Filippo Innocenti aveva ormai quasi settantacinque anni e quell'anno i figli decisero di passare le vacanze estive nella loro casa natale: le montagne nei pressi di Rocereto sono famosissime per l'aria buona.

Come ogni mattina, anche in presenza dei figli e dei nipoti, Filippo usciva di casa e andava a strusciare il pollice per tre volte sulla pietra grande e bianca.

Un giorno di pioggia, Carlotta, una delle sette nipotine di

Filippo, si rivolse al nonno e chiese: «Nonno, perché ogni mattina passi il dito sulla pietra?».

Nella casa si fece il silenzio più assoluto. Alcuni dei componenti della famiglia avevano dimenticato di porre la domanda con il trascorrere del tempo, altri erano da sempre curiosi, ma non avevano mai trovato il coraggio di chiedere spiegazioni.

Filippo guardò la famiglia, sorrise e poi si rivolse a Carlotta: «Domani ti spiegherò».

Il giorno seguente, la pioggia e il brutto tempo avevano di nuovo lasciato il posto a un bellissimo sole estivo montano. Filippo si lavò, si vestì e prese Carlotta per mano. I due uscirono di casa camminando piano piano verso la pietra grande e bianca, ma a metà strada si fermarono. Il nonno Filippo prese in braccio la nipotina Carlotta e con una mano indicò la pietra. Con lo strusciare del pollice per tutti quegli anni, la pietra era stata levigata per bene e si era formata una conca. Quella mattina la conca era piena di acqua piovana caduta il giorno prima e ai suoi bordi c'erano tanti passerotti che si abbeveravano.

Il cucchiaio magico

«Zio Giacomo! Zio Giacomo! Mi racconti una favola?».
«Certamente, Jazmin», disse lo zio Giacomo. «Ma tu prima dimmi come ti sei comportata oggi. Ti sei comportata bene?».
«Sì, zio».
«E perché la zia Veronica dice di no con la testa?».
«Scusa, zio», disse Jazmin, «è che oggi a scuola c'erano da mangiare gli spinaci e a me non piacciono gli spinaci».
«Io la favola te la racconto lo stesso, Jazmin», disse lo zio, «Però dopo cerca di comportarti bene con la zia e con la nonna. Questa favola me l'ha raccontata tanti anni fa una signora di Sarajevo».

Tanti anni fa, a Sarajevo, viveva un bambino di nome Marcello. Marcello era bravo a scuola, era buono con gli amici, era molto intelligente. L'unico problema di Marcello è che proprio non riusciva a mangiare gli spinaci. La mamma glieli cucinava sempre in una maniera differente, ma lui aveva sempre una scusa per non mangiarli. Spinaci in padella "troppo caldi", spinaci in pentola "troppo amari", spinaci bolliti "troppo verdi".
La mamma di Marcello era triste perché quando sei piccolo devi mangiare tante cose differenti per crescere in forma e sano. Marcello però si rifiutava sempre.
Una volta, mentre di sera erano a tavola, Marcello prese il cucchiaio in mano, lo strinse forte, chiuse gli occhi e disse: «No verdura no tapadolce, voglio che tutto sia dolce. No spinaci no stufato, voglio che tutto sia zuccherato».

Marcello aprì gli occhi, si guardò intorno, impugnò il cucchiaio e lo riempì di spinaci.

ZOT

Tutto d'un tratto gli spinaci diventarono zucchero! Tutta la famiglia rimase sbalordita e si mise a guardare con occhi strabuzzanti Marcello che trasformava gli spinaci in zucchero e mangiava tutto quello che aveva nel piatto.
E fu così per molto tempo! Ogni volta che il suo cucchiaio toccava il cibo, lo trasformava una volta in caramelle, una volta in gomme da masticare, una volta in zollette di zucchero.
Che fortuna direte voi! E invece no! Marcello col passare degli anni cresceva. Cresceva, cresceva, cresceva e diventava ricco.
Era diventato ricco perché tutto il cibo trasformato in caramelle e dolciumi di ottima qualità lo rivendeva e guadagnava fantastilioni di zilioni. Però il signor Marcello aveva un problema: aveva sempre mal di denti!
Aveva pagato i migliori dentisti di tutta la regione e tutti gli dicevano la stessa cosa: «Signor Marcello, la dovrebbe smettere di mangiare zucchero».
Marcello cercava una soluzione, ma nessuno dei maghi della zona aveva un filtro magico o una pozione per risolvere il problema.
Un giorno si presentò al palazzo di Marcello un vecchino tutto ingobbito, con una lunga barba grigia che quasi toccava terra.
«Come ti chiami?» gli chiese il segretario di Marcello.
«Sono il mago Panatì, sono venuto fino a qui per parlare con quella persona lì».
Marcello si avvicinò al mago e gli chiese se aveva una soluzione per il suo problema.
«Per spezzare l'incantesimo che hai evocato devi sconfiggere un drago cattivo che è tre fiumi e dieci colline più in là».
Marcello chiese al mago Panatì se voleva qualcosa in cambio e

115

lui rispose che si accontentava delle ricchezze che Marcello avrebbe riportato dalla sua missione contro il drago.

Marcello si armò di tutto punto, indossò l'armatura più scintillante che aveva e montò sul suo bianco destriero. Un destriero più bianco dello zucchero. Cavalcò per giorni in cerca del drago. Passò i tre fiumi e passò le dieci colline, quando giunse a un castello costruito con pietre nere. Il ponte levatoio era già abbassato e Marcello entrò nel castello. Smontò da cavallo, estrasse la spada e si mise a cercare in tutte le stanze. Il castello era completamente vuoto. Nessuna ricchezza, nessun mobile, nessun abitante.

Arrivò sulla torre più alta quando ad un certo punto un draghire fortissimo lo avvisò di una presenza cattiva. Un enorme drago verde e viola si stagliava davanti a lui. Eh sì! Mi sa proprio che aveva fame e voleva mangiare Marcello!

Il prode Marcello agitò la spada in aria, ma il drago sputò una fiamma talmente calda che squagliò l'arma. Marcello si mise tantissima paura. Come si può sconfiggere un drago grandissimo senza una spada? Su nessun libro c'è scritto! Allora si rifugiò dietro al suo scudo, ma una zampata del drago lo ruppe a metà. Oddio, e adesso?

Marcello si guardò attorno per cercare qualcosa con cui difendersi, ma non trovò nulla. Si guardò allora nelle tasche, ma trovò solo il suo cucchiaio magico. Il drago aveva iniziato a correre verso di lui e a Marcello non rimase altro da fare che impugnare il cucchiaio con le due mani e chiudere gli occhi. Il drago era sempre più vicino, poi vicinissimo. La sua zampa sinistra era protesa in avanti e il suo artiglio aveva quasi raggiunto Marcello, quando per sbaglio il drago toccò il cucchiaio e si trasformò in millimilioni di caramelle.

Marcello aprì gli occhi, guardò se aveva ancora con sé tutti i pezzi del suo corpo e tirò un sospiro di sollievo. E non solo aveva sconfitto il drago, ma il peso delle caramelle aveva spezzato il cucchiaio magico e rotto l'incantesimo.

Con delle assi e dei legni costruì un enorme carro e lo riempì con tutte le caramelle che aveva creato. Tornò indietro fino a Sarajevo e si fermò nella piazza principale. Lì incontrò di nuovo il mago: «Mago Panatì! Grazie per avermi aiutato a spezzare l'incantesimo. Questo carro pieno di caramelle è la tua ricompensa!».

Il vecchio mago Panatì si fece aiutare da due signori a salire sul carro e, una volta sopra, cominciò a distribuire caramelle a tutti i bambini della città. E tutti erano felici, ma il più felice di tutti era il signor Marcello.

«Signor Marcello. Qui è pieno di caramelle, ce ne sono anche per lei!».

«No, grazie, mago Panatì. Basta caramelle. Adesso vado a casa di mia mamma a mangiare tanti spinaci!».

A migliorare le aziende

Alberigo Lombrosi era l'amministratore delegato della importantissima RobotCompTecno Industry, un'impresa che aveva oltre trecento dipendenti e produceva fantastilioni di dollari di proventi.

Il Lombrosi capì che il mondo stava cambiando e quindi decise di fare dei tagli al personale per migliorare e rilanciare la sua azienda. D'altronde doveva competere in un mercato importante, estremamente frazionato e ipertecnologico.

Alberigo Lombrosi si mise a studiare psicologia del lavoro ed economia strutturale, ma vide che avrebbe impiegato troppo tempo nell'apportare i giusti cambiamenti, quindi si rivolse al mago Gricia. Costui era uno di quei maghi cattivi che accetta di aiutare le persone con fini malvagi. Non era uno stregone, ma nemmeno un mago a tutti gli effetti.

Il Lombrosi chiese a Gricia di produrre un incantesimo temporaneo: «Per favore, fai diventare invisibili tutte le persone inutili. Devo verificare chi lavora e chi no. Però fallo solo per una settimana, così alla fine dell'incantesimo potrò far sapere ad alcuni dipendenti che non sono più desiderati e che possono rimanersene a casa».

Il mago Gricia disse la formula magica e aggiunse che, allo scoccare della mezzanotte del settimo giorno, tutte le persone sarebbero riapparse come se nulla fosse accaduto.

Alberigo Lombrosi tutto contento andò a dormire pianificando le mosse da fare. Si svegliò il mattino seguente eccitato per le potenzialità dell'incantesimo e quasi di volata si fiondò nell'auto parcheggiata sotto casa.

118

Il tragitto per arrivare al lavoro fu divertente: Alberigo sorrideva perché vedeva macchine vuote nel traffico cittadino. Non erano tutte vuote, ma la maggior parte.

Alberigo si fermò a un semaforo e vide un giocoliere cominciare il suo breve show per raccogliere dei soldi. «Anvedi», disse Alberigo indicando il ragazzo con la mano. «È visibile perché è utile. Ma è utile a qualcosa o a qualcuno?». E la domanda lo seguì fino al parcheggio privato dove lasciò la sua auto.

Nel breve tragitto a piedi che lo divideva dal suo ufficio, Alberigo camminò su un marciapiede quasi vuoto e incontrò un visibilissimo mimo di nome Viruta. Era attorniato da bambini felici e Alberigo capì che era ben visibile perché utile alla felicità dei bimbi.

Alberigo entrò in ufficio e lo trovò quasi vuoto. Chiese alla segretaria se fosse mancato qualcuno, ma, al suo diniego, la felicità! Alberigo si chiuse per tre giorni interi nel suo ufficio. Guardava i suoi impiegati e si segnava i nomi dei presenti. In realtà erano tutti presenti, ma una gran parte di loro erano invisibili perché non utili. Alberigo già assaporava la catena di licenziamenti alla quale avrebbe dato inizio alla fine dell'incantesimo. Corse a casa che già pensava agli scherzi e ai problemi che avrebbe creato ai dipendenti della RobotCompTecno Industry nei quattro giorni mancanti.

Il mattino seguente Alberigo si alzò in piedi felicissimo appena suonò la sua sveglia ed entrò in bagno. Subito dopo una pausa fisiologica, Alberigo si lavò i denti e poi il viso. Si asciugò bene con un asciugamano e si avvicinò allo specchio per vedere se aveva pulito bene gli occhi.

Tragedia!

Alberigo non riusciva a vedersi nello specchio. Nessuna immagine riflessa!

«Noooo!», gridò Alberigo svegliando tutti gli inquilini del palazzo. «Anche io sono invisibile? Pensavo di essere utile alla società. Cosa ho sbagliato?».

Alberigo, per la vergogna, non uscì di casa. Avvisò la sua segretaria che non sarebbe andato a lavorare e che forse non lo avrebbe fatto per l'intera settimana.

Alberigo era distrutto e passò un giorno intero a guardare la televisione per non pensare. Ma il solo cambiare i canali gli faceva male al cuore: l'uomo delle previsioni del tempo era invisibile, i membri della band dei Multiverso erano visibili.

Alberigo si interrogò sull'utilità e l'inutilità delle persone e della vita, quando, sul finire del quinto giorno, ebbe un'idea. «Eureka!», gridò Alberigo. «Farò un figlio! In questo modo sarò utile a qualcuno!». E saltò per tutto l'appartamento, felice per aver trovato una soluzione.

Ma i salti finirono ben presto. «Non posso rimanere nove mesi chiuso in casa e aspettare la nascita di un figlio». E si buttò sul letto tristemente e lì passò l'intero sesto giorno. Si alzò solo per andare in bagno e vedere se era tornato riflesso nello specchio. Ma niente.

Mancava poco alla fine dell'incantesimo, ormai era il settimo giorno. Alberigo era triste perché, anche se fosse riapparso, sapeva che sarebbe rimasto invisibile agli occhi della sua anima.

E passò anche il settimo giorno sdraiato sul letto a riflettere. «Qualcuno è invisibile per colpa del nostro sistema. Gli sbandati, i senzatetto, i malati. Quelli sono invisibili anche se fisicamente si vedono. Altri invece capiscono di essere inutili e provano una sensazione di tristezza simile a quella che ho provato io. Sta a loro stessi decidere se reagire o meno, lottando nella vita e per la vita. Altri ancora non sanno di essere invisibili. E questo è brutto. Anche io mi pensavo utilissimo ed invece quando mi sono guardato allo specchio sono rimasto basito».

Alberigo era ancora nella sua stanza e non si dava pace. «Basta! Da oggi aiuterò le persone a essere più utili e meno invisibili!». E proprio in quel momento, dieci secondi prima della fine dell'incantesimo del mago Gricia, Alberigo Lombrosi diventò utile a uno scopo e riuscì di nuovo a specchiarsi.

L'albero dei sorrisi

Si avvicinavano le elezioni a Trescate sul Naviglio e Ramingo Datteri, il sindaco in carica, non se la passava poi così bene. Un po' di nepotismo, un po' di amici nelle municipalizzate, un disavanzo considerevole, favori superflui a chiesa e potenti. Insomma: il rischio di non essere rieletto era concreto.

Grande e colorata fu l'iniziativa presa la prima domenica di novembre. Manifestazione importante nella piazza principale della piccola cittadina. Il sindaco doveva capire come poteva recuperare consensi e quello che venne fuori dall'evento fu che la gente del posto non era felice.

L'ingegner Datteri ebbe l'idea! Avrebbe creato a tutti i costi un albero di sorrisi e tutti sarebbero stati più contenti.

Il Datteri spese centinaia di migliaia di quetzal in consulenze, incontri, tavoli straordinari: era comunque certo che sarebbe riuscito a recuperare il debito dell'amministrazione e di queste spese nei primi due anni di rielezione.

Pagò biologi, agricoltori, chimici, geologi e tante altre persone e nel giro di due mesi l'albero di sorrisi era pronto e dominava il giardino al centro della piazza principale di Trescate sul Naviglio. Un albero maestoso, alto alto e bianco come la neve. Centinaia di rami dominavano e oscuravano il cielo e questi rami terminavano con dei germogli di colore rosa scuro. Quando il sorriso era pronto, diventava pesante pesante e piegava il ramo fino a fargli raggiungere l'altezza giusta della persona che necessitava il sorriso. La persona prendeva il sorriso e se lo portava in giro.

Purtroppo per Ramingo Datteri l'albero di sorrisi non riuscì a confermare le alte aspettative perché produceva centinaia e centinaia di sorrisi al giorno, ma questi sorrisi erano effimeri. Duravano un attimo e nulla più, il tempo per la gente di ritornare alla dura realtà quotidiana e di intristirsi di nuovo. C'era chi continuava a credere nel progetto e tornava anche trenta volte al giorno all'albero dei sorrisi per fare scorta, ma i più erano scoraggiati.

Il Collettivo Felicità, che aveva la sua sede poco lontano dal centro di Trescate sul Naviglio, decise di presentarsi alle elezioni. Aveva un programma importante: abbattimento del costoso albero dei sorrisi e riutilizzo dei fondi per l'istituzione di un servizio per la popolazione. Le vecchiette avrebbero avuto un giovane assistente personale per farsi aiutare a portare a casa la spesa, le mamme avrebbero avuto assicurato un servizio efficace di pulizia dei giardini, i papà avrebbero avuto un incentivo economico importante per lasciare a casa l'auto e andare a lavorare in bici. Anche i lavoratori dei nuovi mestieri creati sarebbero stati felici perché facevano qualcosa di utile ed erano pagati bene e rispettati.

Risultato: il sindaco uscente Ramingo Datteri perse le elezioni e il Collettivo Felicità attuò per filo e per segno il suo programma. La gente di Trescate sul Naviglio era felice e sorrideva di più.

Il pangolino giramondo

C'era una volta un pangolino di nome Gioacchino che voleva girare il mondo.

La mamma gli chiedeva: «Ma non stai bene qui con noi?».

La zia gli diceva: «Non andare, non sai quello che incontrerai!».

L'anziano saggio del popolo dei pangolini gli diceva: «Chi lascia la via vecchia per la nuova, sa quello che lascia, ma non quello che trova!».

Ma Gioacchino il pangolino era sicuro di sé: «Voglio conoscere, voglio esplorare, voglio capire, voglio vivere nel luogo più bello del mondo!».

«Ma sei proprio sicuro di questa tua decisione?», gli chiedevano gli amici pangolini.

Dopo un po' di tempo Gioacchino il pangolino fece il suo zaino, salutò tutti i parenti e gli amici e partì. Vide le cascate dell'Iguazù, nuotò fra gli asterioni di Grollandia, vide il tramonto sul lago di Atitlàn, sfidò i ciribattoli di Stondor e percorse i sentieri delle montagne di Genia.

Dopo decantacinque stagioni pangoliniche, Gioacchino tornò a casa dai genitori per riposarsi. Era stanchissimo, ma molto felice e soddisfatto del suo viaggio. A tutti quelli che glielo chiedevano rispondeva che per un po' non sarebbe ripartito e sarebbe rimasto a vivere nella comunità dei pangolini.

Però la curiosità era tanta e un giorno uno dei più cari amici si avvicinò a Gioacchino e gli chiese: «Ma non volevi vivere nel posto più bello del mondo?».

«Eccolo!», rispose Gioacchino.

«Ma scusa», ribatté l'amico. «Hai girato tanto e sei al punto di partenza. Alla fine hai scoperto che il luogo più bello è quello dove sei nato e cresciuto? Ahahahahah! Hai sprecato solo tempo».

Gioacchino pensò un po' alle parole dell'amico e poi gli sorrise: «Ho girato il mondo e ho imparato una cosa: tutti i luoghi belli avevano una cosa in comune».

«Quale?», chiese l'amico di Gioacchino il pangolino.

«Che c'ero io! Il luogo più bello del mondo è quello in cui sono in questo momento, proprio perché la mia crescita, le mie avventure, la mia curiosità e le mie peripezie mi hanno portato fin qui. Oggi è qui, ma magari domani è là!».

Gioacchino sorrise, si girò ed entrò in casa.

«Zio! Ma Gioacchino rimase tutto il tempo nella comunità dei pangolini?».

«No, Jazmin», rispose lo zio Giacomo. «Glielo aveva detto all'amico. Adesso Gioacchino sta un po' qui e un po' lì. Un po' sta a casa e un po' va in giro. E fai molta attenzione che magari domani lo vedi passare sotto casa della zia Veronica. Se lo vedi, salutamelo tanto. Lo si riconosce facilmente: porta sempre un paio di occhiali neri sul nasino da pangolino».

Il bambino di ferro (III)

C'era una volta Giulio, un bambino di ferro che era sempre solo. Un giorno si decise a lasciare la casa per girare il mondo in cerca di altri bambini con cui giocare. Gira e rigira, ma non incontra mai nessuno. Villaggi vuoti, strade vuote, piscine vuote.

«Ma zio! Questa favola del bambino di ferro già me l'hai raccontata!», disse Jazmin allo zio Giacomo.
«No, Jazmin, questa è differente!», rispose lo zio. «Lasciami raccontare e vedrai...»

Un giorno pieno di sole, Giulio il bambino di ferro vide in lontananza due bambini che gli venivano incontro. Tutto contento cominciò a correre verso di loro, producendo un clangore rumorosissimo, visto che era un bambino di ferro.

«Ma zio! Dico per davvero. Questa favola del bambino di ferro già me l'hai raccontata!», protestò Jazmin.
«Fidati, Jazmin, questa è differente!», rispose con molta pazienza lo zio. «Lasciami raccontare e vedrai...»

Giulio il bambino di ferro stava per raggiungere i due bambini quando ricordò di quando il bambino di piume e il bambino di pane gli avevano preso la palla e scappò a nascondersi dietro a un albero.
Si accovacciò, mise la testa fra le ginocchia e si fece piccolo piccolo nella speranza di non essere visto. E poi iniziò a

piangere dalla paura. E le lacrime sbattevano sul suo corpo ferroso e facevano molto rumore.

Quando rialzò la testa, vide due sagome che gli facevano ombra.

«Chi siete? Che volete da me?», domandò Giulio con voce tremolante.

«Ciao, io sono Riccardo. Sono un bambino di sapone. Quando piove e mi bagno, dai miei vestiti esce tanta schiuma soffice e profumata».

«Ciao, io invece sono Fabio, un bambino arcobaleno. Quando la gente mi guarda, sorride e scorda i motivi per i quali è triste».

Riccardo il bambino di sapone gli disse: «Noi abbiamo un pallone, ma per giocare al gioco che vogliamo giocare bisogna essere in tre e noi siamo in due. Ti vuoi unire a noi? Perché piangi?».

Giulio il bambino di ferro si asciugò le lacrime, guardò Riccardo e Fabio, sorrise e si rialzò. In tre giocarono con la palla al gioco più bello del mondo che si possa fare in tre persone.

Giulio era felice. Giulio aveva degli amici.

Briciola

«Zio Giacomo! Zio Giacomo! Mi racconti una favola?».
«No, Jazmin», disse lo zio Giacomo, «Oggi no. Oggi ti racconto di una scena che ho visto per strada».

Ieri stavo camminando per andare a lavorare quando a piazza 25 Aprile incontro alcune persone tutte raggruppate. Mi avvicino e stavano tutti guardando una signora molto anziana che era seduta a terra. La signora si chiamava Maria e raccontava la sua storia. Purtroppo era molto anziana e non poteva badare più al suo cane di nome Briciola perché non aveva i soldi per potergli comprare il cibo. Si era quindi decisa ad andare al centro della piazza e scrivere con un pennarello su un pezzo di cartone:

«Oggi regalo Briciola.
È il mio migliore amico, è buonissimo e vi vorrà tanto bene.
È il miglior cane del mondo!»

La signora Maria era visibilmente triste perché in cuor suo già sapeva che avrebbe salutato l'unico grande amico che le rimaneva, però era anche contenta perché il suo Briciola non avrebbe più sofferto la fame.
La gente si avvicinava a Briciola e le persone interessate prendevano in braccio il cane per vederlo meglio. «È troppo peloso», diceva qualcuno, «È troppo sporco», diceva un altro. E mano a mano le persone non più interessate a Briciola giravano i tacchi e se ne andavano.

C'era tanta gente, ma a nessuno Briciola sembrava andare bene: «È troppo vecchio», dicevano, «È cieco da un occhio», sussurravano. E via verso casa o verso il lavoro, occupandosi di ben altri problemi.

A un certo punto arriva un bambino con dei genitori proprio garbati e la signora Maria ha un sobbalzo: pensa che quella sia la volta giusta per salutare Briciola. Sarebbe stato sicuramente bene con loro. Il bambino si avvicina, ma subito si ritrae gridando: «Ma a questo cane manca una zampetta!». E in quel momento i pochi che erano rimasti davanti la signora Maria borbottano qualcosa e se ne vanno. La signora Maria e Briciola erano rimasti soli.

«Zio! Che storia triste questa qua che mi hai raccontato! Poverino Briciola...».

«Jazmin. Briciola non era un cane completo di tutti i suoi pezzi, era cieco da un occhio ed era un po' troppo vecchio, ma era pur sempre un simpaticissimo e affettuosissimo cane».

«Chissà che fine avrà fatto il povero Briciola...

Zio, non è che potresti passare di nuovo nella piazza per vedere come sta?».

«No, Jazmin, non posso. È inutile...»

«Per favore, zio...»

«Jazmin, è inutile. Perché la signora Maria sta riposando nella camera che ha lasciato vuota mio fratello e rimarrà mia ospite per un paio di mesi, mentre Briciola è lì che dorme sul tappeto. Una bella lavata e una bella asciugata lo hanno reso di nuovo soffice e pulito. Briciola è vecchio, è cieco da un occhio e ha solo tre zampette, ma resta sempre il miglior cane del mondo!».

Il ragazzo venuto da lontano

«Zio Giacomo! Zio Giacomo! Mi dici velocemente la storia di oggi, che la zia Veronica vuole che io faccia subito i compiti?».
«Certamente, Jazmin», rispose lo zio. «Questa storia me l'ha raccontata il mio amico Babis di Kastoria».

Una mattina d'estate, a una fermata dell'autobus alla periferia di Patrasso, arriva un ragazzo tutto spettinato e con la barba incolta. Ha con sé uno zaino piuttosto pesante e pieno di oggetti per dormire e sopravvivere.
Il giovane guarda un attimo la pensilina dove sono affissi gli orari degli autobus, controlla l'orologio e si mette seduto ad aspettare.
Ha fame, quindi prende un panino dallo zaino. Guarda alla sua sinistra e trova un signore che lo sta osservando.
Il ragazzo guarda il suo panino, guarda il signore e garbatamente ne offre un pezzo al compagno di attesa.
Il signore rifiuta gentilmente l'offerta, ma comincia a parlare col ragazzo.
«Per fortuna che ci sono persone gentili come te!», disse. «Ieri ad aspettare l'autobus c'era un gruppetto di cinesi. Tutti uguali! E l'altro giorno invece c'erano due persone nere nere come la pece. Parlavano una lingua strana, piena di K. Non mi sono avvicinato perché chissà quali malattie mi sarei potuto attaccare! Negli altri paesi l'igiene non è come qui da noi!».

ETCIÙ!! ETCIÙ!!!

Il ragazzo comincia a starnutire pesantemente.
«Tutto bene?», chiede il signore.

ETCIÙ!! ETCIÙ!!

«Hai il raffreddore? Hai bisogno di un fazzoletto?».
«No, è allergia!», risponde il ragazzo con i capelli in disordine
e la barba poco curata.

ETCIÙ!!!

«Eh, lo so», risponde il signore. «In questo periodo i pollini...»
«No. È allergia ai razzisti di cacca come te!», urla arrabbiato il
ragazzo.
Mette via velocemente quello che rimane del panino, chiude lo
zaino e se ne va a piedi per la sua strada, lasciando il signore
inebetito alla fermata dell'autobus.

«Zio! Hai detto cacca!!», disse Jazmin scandalizzata.
«Lo so», rispose lo zio. «È una brutta parola che in molti ti
vieteranno di dire. Però quando una cosa è sbagliatissima e va
contro le idee di pace e di amicizia fra le persone devi reagire.
E se per difendere le tue idee devi dire la parola cacca, è giusto
che tu dica la parola cacca».

Mettere da parte

«Zio Giacomo! Eccomi qui! Mi racconti una favola anche oggi?», chiese Jazmin.

«Certamente», rispose lo zio. «Questa favola me l'ha raccontata un venditore di dolci di Dolcinia».

È un tardo pomeriggio d'estate, di quell'estate che già volge lo sguardo all'autunno.

Dopo una giornata di fatica e di lavoro, una formica, una cavalletta e una mancuspia tornano nei loro rifugi col carico di provviste fatte in vista dell'inverno.

Davanti alle loro piccole tane, i tre lavoratori si guardano e si salutano. Sono ormai amici da stagioni e stagioni e i rapporti di vicinato sono sempre stati buoni.

La cavalletta aveva ormai accumulato abbastanza palline di sapòrio per l'interno inverno ed era soddisfatta del suo operato.

Anche la mancuspia aveva abbastanza avena maltata da permettere alla famiglia di passare la stagione fredda senza troppi patemi d'animo.

La formica invece continuava a lavorare ancora. Mancavano pochi giorni all'inizio dell'autunno e lì sì che avrebbe rallentato i tempi e l'orario di lavoro per non arrivare troppo stanca all'inverno. Aveva quindi deciso di spendere le ultime energie accumulando chicchi di grano e gusci di noce.

La mancuspia, dopo essersi rinfrescata per bene e riposata, si avvicina alla formica e le comincia a parlare.

«Ciao, vicino! Capisco i chicchi di grano che ti servono per sfamare la tua famiglia durante l'inverno, ma come mai raccogli anche gusci di noci? Le formiche non si nutrono di gusci di noci e tu non li hai mai mangiati».

La formica smette di lavorare e si asciuga la fronte. Saluta gentilmente la mancuspia e dice: «Quello che per te è tutto, per altri potrebbe essere niente. Ma quello che per te è niente, magari per altri è tutto! I gusci di noci potrebbero servire ad altri».

La formica sorride alla mancuspia e si adagia su un'amaca di spighe di grano per godere del meritato riposo tardopomeridiano.

Il bambino che piangeva bottoni

«Zio Giacomo! Zio Giacomo! Mi racconti una favola?».
«Certamente, Jazmin», disse lo zio Giacomo. «Questa favola me l'ha raccontata tanti anni fa una signora di Cochabamba».

Una volta a Cochabamba non c'era tanta gente. E non tutte le case avevano tetti e non tutte le strade erano asfaltate, e non tutte le persone avevano da mangiare.
Ramón era un bambino speciale. Andava a scuola come tutti gli altri bambini della sua età, voleva bene ai suoi genitori come tutti i bambini della sua età, gli piaceva il gelato come a tutti i bambini della sua età.
Quello che rendeva Ramón speciale è che era sempre felice. Rideva e sorrideva sempre. Per lui c'era sempre il sole, anche quando pioveva talmente tanto che le strade di Cochabamba si allagavano e lui non poteva uscire a giocare con i suoi amici.
Un giorno, mentre correva al parco per giocare a nascondino, Ramón cadde e si sbucciò il ginocchio. Ramón non sapeva che fare perché per la prima volta nella sua vita non era felice. E pianse. Tutti i bambini suoi amici rimasero stupiti perché Ramón, che non sapeva piangere visto che non lo aveva mai fatto, cominciò a piangere bottoni! Tanti bottoni, grandi e marroni, piccoli e bianchi. Con quattro buchi, con due, bottoni quadrati, bottoni rigati, bottoni triangolari, bottoni spettacolari.
Tutti i bambini del parco si avvicinarono a Ramón e incominciarono a raccogliere i bottoni.
«Questo è per mia madre che è molto povera e non può comprare i bottoni per riparare la giacca del babbo».

«Questo è per mio zio che una volta ha mangiato talmente tanto che il bottone dei pantaloni si è licenziato per il troppo lavoro, ha fatto le valigie e se ne è andato».

In pochissime ore la notizia di Ramón il bambino che piangeva bottoni si sparse in tutta Cochabamba. Si venne a creare una fila lunga chilometri di persone che chiedevano a Ramón di piangere qualche bottone per riparare giacche, pantaloni e grembiuli per andare a scuola.

Ramón era un bambino dal cuore d'oro e ogni volta ripensava a quando si era sbucciato il ginocchio e piangeva qualche bottone per aiutare le persone più bisognose.

A Cochabamba erano tutti felici tranne l'uomo proprietario della bottega del bottone che non vendeva più un bottone. E Ramón. Anche Ramón non era felice visto che doveva piangere per produrre bottoni.

Un giorno, la fila di persone fuori casa di Ramón era lunghissima, talmente lunga che arrivava dietro a una collina. Ramón si alzava dal letto, faceva colazione, si vestiva col vestito più bello e usciva di casa. Fuori dalla casa c'era una sedia fatta con un tronco di albero tagliato. Ramón ci si sedeva sopra e chiedeva alla gente in fila che tipo di bottone voleva.

Ramón era diventato bravo. Bottoni rossi, gialli, tondi, verdi, blu, rettangolari, rosa, turchesi, marroni, quadrati, neri, gialli, triangolari, di tutti i tipi.

Venne il turno di una vecchina che aveva la schiena piegata per la vecchiaia. Tutta vestita con abiti malandati e rovinati.

Ramón le chiese: «Che tipo di bottone vuoi, vecchina?».

E la vecchina rispose: «Oh, Ramón. Avrei bisogno di tante cose: bottoni, abiti nuovi, un paio di scarpe senza buchi. Però la cosa che più mi manca è il tuo sorriso. È tanto che non sorridi più Ramón, per favore, fammene uno».

Ramón diventò di nuovo il bambino più felice di Cochabamba e il suo sorriso fece felici tutte quante le persone in fila.

«Zio Giacomo, zio Giacomo. Ma Ramón non pianse più? Non produceva più bottoni? Che gli diceva la gente di Cochabamba?», chiese Jazmin.

«Jazmin, la gente di Cochabamba non aveva più così tanto bisogno di bottoni. Se davvero vuoi vedere felice qualcuno, fai volentieri a meno di qualcosa. Un bottone, come un oggetto qualsiasi, non vale la felicità di una persona. E tu, Jazmin, a cosa saresti in grado di rinunciare?».

Vita e vite

Palomar Rosso esce da un edificio.
Palomar Rosso corre. FSH!
Palomar Rosso salta. HOP!
Palomar Rosso corre. FSH!
Palomar Rosso salta. HOP!
Palomar Rosso salta. HOP!
Palomar Rosso prende un martello. TADAA!
Palomar Rosso corre. FSH!
Palomar Rosso dà il martello sulla testa di un nemico. BOINK!
Palomar Rosso corre. FSH!
Altri due nemici eliminati. BOINK! BOINK!
Palomar Rosso deve decidere. Decide di arrampicarsi. HUP!
Palomar Rosso corre sul tetto di un palazzo. FSH!
Palomar Rosso salta per raggiungere un altro tetto, ma cade nel vuoto.
UA! UA! UAA!

Palomar Rosso esce da un edificio.
Palomar Rosso corre. FSH!
Palomar Rosso salta. HOP!
Palomar Rosso corre. FSH!
Palomar Rosso salta. HOP!
Palomar Rosso salta. HOP!
Palomar Rosso prende un martello. TADAA!
Palomar Rosso corre. FSH!
Palomar Rosso prova a dare il martello sulla testa di un nemico, ma questo lo schiva. SWISH!

137

Il nemico lo colpisce duro.
UA! UA! UAA!

Palomar Rosso esce da un edificio.
Palomar Rosso corre. FSH!
Palomar Rosso salta. HOP!
Palomar Rosso corre. FSH!
Palomar Rosso salta. HOP!
Palomar Rosso salta. HOP!
Palomar Rosso prende un martello. TADAA!
Palomar Rosso corre. FSH!
Palomar Rosso dà il martello sulla testa di un nemico. BOINK!
Palomar Rosso corre. FSH!
Altri due nemici eliminati. BOINK! BOINK!
Palomar Rosso deve decidere. Decide di arrampicarsi. HUP!
Palomar Rosso corre sul tetto di un palazzo. FSH!
Palomar Rosso salta per raggiungere un altro tetto e ci riesce.
YEP!
Palomar Rosso si afferra ad una corda e torna al livello della
sede stradale. APPLAUSI!
Palomar Rosso corre. FSH!
Palomar Rosso salta. HOP!
Palomar Rosso vede in lontananza il traguardo, ma purtroppo il
tempo a sua disposizione è finito.
UA! UA! UAA!

Palomar Rosso esce da un edificio.
Un altro signore esce dallo stesso edificio.
«Ciao! Io sono Palomar Rosso!».
«Ciao! Io sono Palomar Verde!».
Palomar Rosso guarda strano Palomar Verde, ma comincia
comunque a correre.
Palomar Verde insegue Palomar Rosso.
Palomar Rosso corre. FSH! Anche Palomar Verde corre. FSH!

Palomar Rosso salta. HOP! Anche Palomar Verde salta. HOP!
Palomar Rosso corre. FSH! Anche Palomar Verde corre. FSH!
Palomar Rosso salta. HOP! Anche Palomar Verde salta. HOP!
Palomar Rosso salta. HOP! Anche Palomar Verde salta. HOP!
Palomar Rosso prende un martello. TADAA!
Palomar Verde prende una clava. TIDII!
Palomar Rosso corre. FSH! Anche Palomar Verde corre. FSH!
Palomar Rosso prova a dare il martello sulla testa di un nemico, ma questo lo schiva. SWISH!
Il nemico prova a colpire Palomar Rosso, ma arriva Palomar Verde che gli dà la clava in testa. BAINK!
Palomar Rosso si ferma un attimo per ringraziare il compagno di avventura.
Palomar Rosso e Palomar Verde corrono, ma il tempo a loro disposizione è quasi terminato.
«Noooo!», dice Palomar Verde. Il tempo è scaduto.
UA! UA! UAA!

Palomar Rosso esce da un edificio.
«Io esco sempre da questo palazzo. Ma che c'è dentro questo palazzo?», si chiede Palomar Rosso.
Palomar Rosso corre. FSH!
«Io inizio a correre, ma perché? E perché non cammino?».
Palomar Rosso salta. HOP!
Palomar Rosso corre. FSH!
Palomar Rosso salta. HOP!
«Perché salto se non ho niente da evitare?».
Palomar Rosso salta. HOP!
Palomar Rosso prende un martello. TADAA!
«Ma perché devo prendere questo martello se sono contro la violenza?».
Palomar Rosso corre. FSH!
Palomar Rosso sta per dare il martello sulla testa di un nemico, ma si ferma. GH!

«Perché devo picchiare qualcuno che non conosco?».
Il nemico approfitta del momento di esitazione di Palomar Rosso e lo colpisce duro.
UA! UA! UAA!

Palomar Rosso esce da un edificio.
Un altro signore esce dallo stesso edificio.
«Ciao! Io sono Palomar Rosso!».
«Ciao! Io sono Palomar Verde!».
Palomar Rosso guarda strano Palomar Verde, ma comincia comunque a correre.
Palomar Verde insegue Palomar Rosso.
Palomar Rosso corre. FSH! Anche Palomar Verde corre. FSH!
«Stiamo ripetendo sempre le stesse avventure e lo stesso percorso. Ma che vita è?», chiede Palomar Rosso.
«Non è una vita. È un videogioco!», risponde Palomar Verde.
Palomar Rosso salta. HOP! Anche Palomar Verde salta. HOP!
«Un videogioco?!?», chiede Palomar Rosso.
«Certo! Perché hai ricordi che durano massimo novanta secondi?», risponde Palomar Verde.
Palomar Rosso corre. FSH! Anche Palomar Verde corre. FSH!
«Cavolo... E chi decide delle nostre vite?», chiede Palomar Rosso.
«Lui! Il bambino che intravedi al di là di quello schermo! È lui che inserisce la monetina nel cabinato e accende questo teatrino che chiami vita», risponde Palomar Verde.
Palomar Rosso salta. HOP! Anche Palomar Verde salta. HOP!
«E tu? Chi sei?», chiede Palomar Rosso.
«Io sono te. Solo che sono verde», risponde Palomar Verde.
Palomar Rosso e Palomar Verde saltano. HOOOP!
Palomar Rosso prende un martello. TADAA!
Palomar Verde prende una clava. TIDII!
«E perché ogni tanto ci sei e ogni tanto non ci sei?», chiede Palomar Rosso.

«Perché io ci sono solo quando sono due i bambini che inseriscono le monetine», risponde Palomar Verde.

Palomar Rosso e Palomar Verde corrono. FFSSSH!

«Ma non sei curioso di sapere cosa c'è fuori?», chiede Palomar Rosso.

«Sì, ma usa il martello», risponde Palomar Verde.

Palomar Rosso prova a dare il martello sulla testa di un nemico, ma questo lo schiva. SWISH!

Il nemico prova a colpire Palomar Rosso, ma arriva Palomar Verde che gli dà la clava in testa. BAINK!

Palomar Rosso si ferma un attimo per ringraziare il compagno di avventura.

«Ma non sei curioso di vedere com'è la vita reale?», chiede Palomar Rosso.

«Sì, ma corri!», risponde Palomar Verde.

Palomar Rosso e Palomar Verde corrono, ma il tempo a loro disposizione è quasi terminato.

«Stasera voglio provare a uscire di qui per vedere il mondo reale. Vieni con me?», chiede Palomar Rosso.

«Certamente», risponde Palomar Verde.

Il tempo è scaduto.

UA! UA! UAA!

La sera e la chiusura del locale arrivano prima del solito. È proprio allora, quando il gestore della sala giochi spegne le luci, che Palomar Rosso e Palomar Verde saltano fuori dal cabinato.

Sono meravigliati. È tutto enorme, dalle gambe delle sedie, alle palle di polvere che sono a terra. Dalle briciole di pane, al dado che qualche giocatore deve aver fatto sbadatamente cadere da un tavolo.

Palomar Rosso e Palomar Verde vedono un enorme pezzo di formaggio a terra. Affamati e meravigliati si avvicinano, ma Palomar Verde vede brillare una luce nella notte e ferma il suo compagno di avventure.

«Sembra una di quelle trappole per topi che nel videogioco sono sparse a terra qua e là. Sono pericolosissime!», dice Palomar Verde.

Fanno appena in tempo a nascondersi che un enorme ratto gigante passa nelle vicinanze, odora l'enorme pezzo di formaggio, ma scappa via prima che la trappola scatti.

«Io voglio tornarmene nel videogioco», dice Palomar Verde.

«Perché?», chiede Palomar Rosso.

«Stavo meglio quando stavo peggio», dice Palomar Verde.

«Come puoi dire una cosa del genere? Adesso sei libero!», urla incredulo Palomar Rosso.

«La libertà non mi interessa», dice Palomar Verde.

Palomar Rosso accompagna Palomar Verde fino al cabinato, lo saluta con un abbraccio e gli augura buona fortuna.

Palomar Rosso, da quel giorno, vive la sua vita. A volte gli va bene e altre male; a volte è felice e altre è triste. Non si accorge che ogni giorno cresce di più. E che i pericoli e i problemi si rimpiccioliscono col tempo e non sembrano così insormontabili.

Occhiali magici

«Zioooo Giacomoooo!! Oggi con me c'è pure mia cugina Isabella! Ci racconti una storia a tutte e due? Così poi andiamo a fare i compiti...», disse Jazmin.
«Ma certo...», rispose lo zio. «Questa storia me l'ha raccontata il mio amico Köse di Edirne».

C'era una volta un ragazzo che si chiamava Mihali che andava in giro per strada. Giusto il tempo di rilassarsi un po' dalle fatiche del lavoro e di fare un giretto col suo cane Stilo.
Erano già venti minuti che camminavano, quando ad un angolo incontrarono un poverello. Era tutto rannicchiato e vestiva vestiti pesanti nonostante attorno a lui ci fosse aria di primavera. Davanti a sé aveva una ciotola con qualche spiccio e un cartoncino con scritto «HO PERSO IL LAVORO QUANDO LA GENTE HA SMESSO DI SOGNARE» a caratteri neri e grossolani.
Mihali ci pensò su, guardò il suo cane curioso e prese il portafogli. Mihali era indeciso sul da farsi, ma alla fine prese una banconota di valore e la diede al poverello. Non era solito lasciare soldi in elemosina, molto spesso si metteva a parlare con la persona bisognosa per conoscerla e per offrirgli qualcosa da mangiare senza dovergli lasciare delle monete. Però questa volta era diverso, il suo messaggio era chiaro, forse uno dei più chiari degli ultimi cinque anni: la gente aveva smesso davvero di sognare.
E poi chissà cosa era il signore in passato: un pittore? Un musicista? Un giocoliere?

Il poverello ringraziò ad alta voce e subito Mihali riconobbe il mago Sirti! Mago famosissimo trenta anni prima, ma che era ridotto in disgrazia perché la gente non voleva più vedere magie e non chiedeva più incantesimi. Ormai ci si era abituati a vivere una vita triste e sottomessa e a molte persone aveva anche cominciato a piacere il potersi lamentare dei disservizi e della sporcizia della società.

Il mago Sirti ringraziò talmente tanto Mihali che gli fece un regalo: un vecchissimo e brillantosissimo paio di occhiali da sole. Mihali dal canto suo era restio ad accettare perché non ne aveva bisogno e non voleva privare il mago Sirti delle poche cose che gli rimanevano. Ma dopo aver provato a resistere, Mihali fu costretto ad accettarli e a infilarseli in tasca.

Dopo altri dieci o quindici minuti di passeggiata con Stilo, il sole aveva cominciato a dare fastidio, quindi Mihali prese dalla tasca i vecchissimi e brillantosissimi occhiali che aveva ricevuto in dono e li indossò. Nemmeno a dirlo: erano occhiali magici!

Erano occhiali che servivano a riconoscere gli stati d'animo e le emozioni della gente. Erano quindi utilissimi! E non solo! Erano anche spassosi perché una volta riconosciuto lo stato d'animo delle persone non lo segnalava con una scritta nella parte interna della lente come fanno le nuove tecnologie. No!

Quando riconosceva uno stato d'animo, l'occhiale visualizzava un animale vicino alla persona in questione. E l'animale era visibile solo al proprietario di questo paio di occhiali magico!

Che fortuna!

Mihali era stanco perché aveva già camminato molto, però tornò a casa solo a tarda notte perché aveva l'opportunità di vedere il mondo in una maniera diversa.

Mihali incontrava sul marciapiede una persona scontrosa? Gli sorrideva comunque perché lui, e solo lui, poteva vedere il gorilla che lo accompagnava.

Passò per dei giardini e si mise a ridere tantissimo. I presenti lo prendevano in giro, ma soltanto perché solo lui poteva vedere le otto galline che giravano intorno agli otto ragazzi che se ne stavano su una panchina a fumare.

Mihali passò anche per un comizio politico, visto che era periodo di campagna elettorale. Purtroppo non fu un'esperienza positiva e tirò con veemenza il guinzaglio del cane Stilo perché la piazza era piena di gente e in egual numero di struzzi. Dopo circa cento metri, il cane Stilo si era stancato di farsi tirare il guinzaglio e quindi Mihali abbassò lo sguardo per guardarlo. Incredibile! Vicino a Stilo c'era un altro cane!

Il giorno volgeva ormai al termine e quindi Mihali decise di ritornare a casa. Non prima però di aver visto due persone che si tenevano abbracciati su di uno scalino attorniati da un paio di farfalle coloratissime.

E anche a casa imparò qualcosa. Lo imparò dai due panda con lo sguardo rabbuiato che facevano coppia coi suoi genitori, contrariati con Mihali perché portava occhiali da sole durante la cena.

Che fortuna ha avuto Mihali
a possedere quel brillantosissimo paio di occhiali.

«Zio! Sono quelli che porti, gli occhiali magici?», disse Jazmin.

«No. Questi sono occhiali normali», rispose lo zio Giacomo.

«Sicuro?», chiese Isabella.

«Certamente», rispose lo zio.

«Sicuro sicuro???» chiesero all'unisono le due bambine.

«Sicuro sicuro», rispose lo zio.

«Ah, va bene», disse Jazmin un po' delusa.

«Jazmin, Isabella. Ricordatevi sempre che come vedete il mondo dipende dai vostri occhi e non da un paio di occhiali magici. Dovrete scegliere da voi se vederlo colorato e sempre differente o grigio grigio e monotono».

Il fantasma nell'armadio

Gianni era un bravo bambino. Andava bene a scuola, si comportava bene con gli amici e mangiava tutta la cena senza mai lamentarsi.

Il problema Gianni lo aveva quando doveva andare a dormire. La mamma Beatrice gli metteva il pigiama, gli rimboccava le coperte, gli leggeva una bellissima favola di Rodari, gli dava un bacio sulla fronte e gli diceva «Buonanotte» mentre spegneva la luce.

Gianni era tutto contento e voleva molto bene a sua mamma.

Come ogni notte stava quasi per addormentarsi col sorriso sulle labbra, quando dall'armadio che era dall'altra parte della camera sentiva una voce.

«Uuuuuuuuuh...»

Gianni si tirava le coperte fino a sopra la testa, ma continuava a sentire la voce.

«Uuuuuuuh...»

Gianni chiudeva ben forte gli occhi, ma aveva troppa paura e quindi scappava in camera della mamma.

«Mamma, mamma, c'è un fantasma in camera mia!».

«No, Gianni», diceva mamma Beatrice, «I fantasmi non esistono».

«Mamma ti giuro. Vieni in camera mia».

La signora Beatrice si metteva seduta sul letto, si infilava le pantofole e andava mano nella mano con Gianni fino alla sua camera. Accendeva la luce, ma non c'era nessun fantasma.

La signora Beatrice rimetteva Gianni nel letto, gli accarezzava dolcemente la fronte ed aspettava che Gianni si addormentasse.

Il giorno dopo la stessa scena. La signora Beatrice metteva a Gianni il pigiama e dopo una bellissima favola augurava al figlio buonanotte e se ne andava.

«Uuuuuuuuuh...»

Gianni era terrorizzato. Anche oggi il fantasma!

«Uuuuuh...»

E anche oggi Gianni scappava dalla mamma a chiedere aiuto.

«Gianni, figliolo. I fantasmi non esistono», e la mamma Beatrice rimaneva con il figlio fino a che non si addormentava.

Il giorno seguente la stessa storia. Nel buio della sua camera Gianni sentiva «Uuuuuuuh»... ed in men che non si dica era già in camera della mamma.

«Gianni, che c'è?».

«Mamma, ti giuro che il fantasma c'è. Io ho tanta paura».

Mamma Beatrice prese Gianni fra le braccia e gli disse: «Gianni. Come puoi avere paura di qualcuno che non conosci? Magari anche lui ha paura di te perché non ti conosce».

E come ogni sera la mamma riportava Gianni nel suo letto e aspettava con lui fino a che non si addormentasse.

Il giorno seguente la mamma mise il pigiama a Gianni, gli rimboccò le coperte, gli lesse una bellissima favola, gli diede un bacio sulla fronte e gli disse «Buonanotte» mentre spegneva la luce. Gianni era tutto contento e voleva molto bene a sua mamma. Stava per addormentarsi col sorriso sulle labbra, quando dall'armadio che era dall'altra parte della camera sentì una voce.

«Uuuuuuuuuh...»

Gianni aveva paura.

«Uuuuuh...»

Gianni stava per scappare in camera della mamma quando gli venne un' idea.

«Uuuuuuuuh», fece il fantasma.

«Uuuuuuuuuuuuuuh», rispose Gianni.

«Uuuuuuuuuh», fece di nuovo il fantasma.

«Uuuuuuuuuuuuh», rispose di nuovo Gianni.

«Uuuuuuuuuuuuuuuuuuuuuh!», fece di nuovo il fantasma per spaventare Gianni.

«Ciao, fantasma, come ti chiami?», chiese Gianni

«Uuuh... io sono il fantasma Gianroberto», disse il fantasma.

«E perché fai sempre uuuuuuuh?», chiese Gianni.

«Perché non ho amici e mi sento solo», rispose Gianroberto.

«Vuoi essere mio amico e giocare con me?», chiese allora Gianni.

«Certamente. Hai tanti bei giochi, ma giocarci da solo di notte non mi diverte».

Quello fu il giorno in cui iniziò la meravigliosa amicizia tra il bambino Gianni e il fantasma Gianroberto. Era il loro segreto! Mamma Beatrice non sapeva il perché dopo cena Gianni si sbrigava a lavarsi i denti e a mettersi il pigiama. Gli leggeva la favola, gli diceva «Buonanotte», spegneva la luce e andava a dormire in camera sua.

Ed era proprio quello il momento che Gianni aspettava. Appena sentiva il rumore della porta della stanza della mamma che si chiudeva, Gianni balzava giù dal letto e diceva sottovoce: «Uuuuuuuh»

E Gianroberto usciva dall'armadio e diceva «Uuuuuuh». Si mettevano a ridere insieme, si salutavano con la mano come solo bambini e fantasmi sanno fare e giocavano insieme almeno due ore a notte.

Gianni era felice e quando salutava Gianroberto perché era ora di riposare, tornava nel letto, si sistemava sotto le coperte e sorrideva. Gianni si addormentava sempre sorridendo.

Malvagio I

«Jazmin, hai mai sentito parlare del regno di Vomingo?».
«No, zio Giacomo!», rispose Jazmin.
«Adesso ti spiego il perché...»

Tanto tempo fa, nel regno di Vomingo, era seduto sul trono un re molto buono. Ma le cose buone prima o poi finiscono. Il re di Vomingo scelse il suo successore: si trattava di Giustino Di Giustezza. A dispetto del nome, Giustino non era una persona buona e giusta: aveva gli occhi contornati di nero ed era molto cattivo. Proprio per questo scelse di salire al trono col nome di Malvagio I.

Malvagio I aveva un piano ben preciso: diventare ricchissimo e potentissimo! E, come dicono tutti i re, «Per governare meglio, il popolo deve rimanere ignorante».

Malvagio I ebbe un'idea grandiosa! Fece chiamare a rapporto tutti i maghi del regno, dai più potenti ai meno potenti, e li fece riunire nel gran salone del palazzo reale.

Malvagio I ordinò ai maghi di far sparire tutti i libri. Niente più libri, niente più intelligenza e spirito critico!

I maghi si misero a recitare la formula magica «*Ana Tada Ke Mitsu Me Terù*» e...

POFF! Tutti i libri sparirono dal regno!

Le conseguenze non tardarono a manifestarsi!

I ragazzi che andavano a scuola erano felicissimi perché da quel giorno non sarebbero mai più andati a scuola.

Un nonnino non sapeva come livellare il tavolo della cucina perché sotto la zampa aveva messo un libro per fare spessore e ora non c'era più. E non sapeva nemmeno come riparare il tavolo perché non c'era più un libro che gli insegnava questa cosa!

Un vecchio saggio trascinava sempre con sé una pesantissima lavagna. Sulla lavagna aveva fatto delle scritte piccolissime con dei gessetti colorati perché aveva paura di scordare tutte quelle cose che aveva imparato nella vita fino a quel momento.

I bambini piccolini erano tutti tristi. Avevano perso la fantasia e la voglia di immaginare e sognare perché erano spariti tutti i libri delle favole.

Malvagio I era felice del suo piano diabolico. Avrebbe governato con facilità per il resto della sua vita e sarebbe stato ricchissimo e potentissimo.

Povero Malvagio I! Non sapeva quello che lo aspettava! Insieme a tutti i libri sparirono anche tutti i libri contabili. Nessuno pagava più le tasse!

Malvagio I entrò in crisi perché non avrebbe potuto resistere ancora per molto tempo. Il potere ce l'aveva ma non sarebbe mai riuscito a conservarlo perché era un potere che derivava dal denaro e non dal favore di un popolo.

Convocò allora di nuovo tutti i maghi del regno, dai più potenti ai meno potenti, e li fece riunire nel gran salone del palazzo reale. Spiegò il problema alla moltitudine e ordinò di fare un incantesimo che rendesse la gente ignorante, ma le permettesse comunque di pagare le tasse. Nella folla dei maghi iniziò a sentirsi un brusìo. Alcuni maghi parlavano tra di loro a bassa voce. Dopo alcuni minuti di esitazione, un piccolo mago, di quelli che erano stati in passato poco potenti, si avvicinò al re e gli disse: «Nobilissimo et gigantissimo re Malvagio primerrimo. Purtroppo non possiamo fare la magia che ci chiedi. Non abbiamo più i libri degli incantesimi perché sono spariti insieme a tutti gli altri libri».

Malvagio I capì l'errore commesso e si ritirò nelle sue stanze. Morì triste, solo e poverissimo. E così ebbe fine il dimenticato regno di Vomingo.

Nuvole e sorrisi

Olaf e Sandino erano nati lo stesso giorno, il primo duodì del mese piovoso di venticinque anni prima. Non si conoscevano: Olaf era appena diventato re di Garbasia, Sandino era un umile muratore che viveva nei sobborghi della capitale di quel regno.

Olaf, nonostante le ricchezze, non sorrideva mai. Sandino, nonostante gli sforzi e le fatiche, sorrideva sempre.

Un giorno Olaf partì per un incontro fra tutti i re del continente. Era la prima volta per lui ed era evidentemente emozionato. Si discuteva di argomenti e si parlava di nuove mode, il tutto intervallato dalle pause per i pranzi e per le cene. In una di queste pause Olaf si avvicinò ad un gruppo di giovani sovrani che discutevano alacremente. Ogni anno si riunivano a quell'incontro per parlare dei loro regni. Facevano a gara a chi era stato più dispotico e crudele e il vincitore aveva l'onore di indire la prima caccia alla volpe della stagione. Olaf ascoltò vari commenti e in breve tempo decise di iscriversi alla gara.

Tornato sul trono di Garbasia cominciò a chiamare consiglieri e cavalieri per illustrare le nuove linee guida. In breve tempo vennero tagliati gli aiuti all'agricoltura e terminò la pratica del prezzo calmierato alla legna da ardere.

Il popolo era già in difficoltà e accolse le nuove norme con animo inquieto. Tutti tranne Sandino, che sorrideva ed era sempre gentile nonostante l'aumento dei problemi.

Venne un inverno freddo e duro che moltiplicò per cento le carestie e l'inedia. Il popolo era sempre più triste e arrabbiato. Tutti tranne Sandino che, nonostante l'evidente dimagrimento, dispensava sorrisi e buone parole a tutta la gente.

La primavera del nuovo anno si aprì con nuove norme dettate da re Olaf: fine della sanità gratuita e aumento delle tasse. Con questo il re Olaf si era praticamente garantito l'entrata tra i migliori tre peggiori sovrani del continente.

Pessima reazione del popolo che, tra rabbia e malcontento, non alzava quasi più la testa. Tutti tranne Sandino! Nonostante le scarpe rotte e le occhiaie tipiche di chi lavora anche di notte, Sandino sorrideva e salutava tutti.

All'inizio dell'estate Olaf diede il colpo di grazia alla gara tra regnanti: nel regno di Garbasia non sarebbe più esistita la scuola. Olaf era oramai sicurissimo che il primo premio sarebbe stato il suo.

A quel punto successe un fatto inaspettato. Delle nuvole scure vennero ad affollare il cielo della capitale. Non pioveva, ma non si riusciva più a vedere il sole. Molti si chiesero se quello era un segno divino, ma la gente dei sobborghi della città aveva già la propria interpretazione dei fatti. Le nuvole scure erano arrivate in cielo proprio lo stesso giorno in cui Sandino aveva smesso di sorridere e salutare tutti.

Eh, sì. Sandino non era più felice. Lui avrebbe sostenuto tutte le fatiche della vita nonostante l'aumento delle avversità, ma non dare più la possibilità alla gente di avere un'istruzione non lo riteneva giusto. Sandino si fece da quel giorno più silenzioso e solitario.

Il consiglio cittadino si riunì in una sessione straordinaria per decidere sul da farsi. Nessuno aveva il coraggio di imbracciare le armi e dare il via a una rivoluzione strada per strada, quindi si decise di adottare il metodo di lotta che gli era stato indicato fino a quel momento. Dall'indomani tutta la gente dei sobborghi avrebbe dovuto essere gentile e sorridere di fronte alle difficoltà.

Olaf era felice per le sue riforme, ma si rese conto del problema: non puoi presentarti all'incontro annuale di tutti i regnanti quando il tuo popolo sorride e sembra felice. Quindi aumentò di nuovo le tasse e ne creò di nuove: la tassa sulla paglia, la tassa sulle uova, la tassa sull'acqua! Ma a ogni nuova tassa il popolo rispondeva sorridendo di più.

Ormai mancava poco più di una settimana all'incontro annuale di tutti i regnanti e re Olaf provò a dare il colpo di mano alla situazione: non si poteva parlare con gli altri, non si poteva mangiare, non si poteva guardare in cielo se non dopo il pagamento di nuove tasse create per l'occasione.

Ma niente, il popolo era troppo ispirato dalla tristezza di Sandino per cadere nella provocazione e il numero dei sorrisi non diminuì nemmeno di una unità durante quella settimana.

Mancava poco, mancava ormai solamente un giorno all'incontro internazionale. Olaf non ce la faceva più: con quale faccia si sarebbe presentato all'evento sapendo della felicità del suo popolo? Si vergognò talmente tanto che nottetempo scappò dal suo palazzo reale e lasciò per sempre il regno di Garbasia.

Indice

Lightning Source UK Ltd.
Milton Keynes UK
UKHW021407110221
378627UK00009B/2115